Hasnain Kazim, 1974 als Sohn indisch-pakistanischer Einwanderer in Oldenburg geboren, schreibt seit 2004 für SPIEGEL ONLINE und den SPIEGEL. Seit 2009 lebt er als Korrespondent im Ausland, nach Stationen in Islamabad und Istanbul berichtet er zurzeit aus Wien. Für seine journalistische Arbeit wurde er u. a. als »Politikjournalist des Jahres« geehrt. Er ist Autor mehrerer Bücher, darunter zuletzt »Krisenstaat Türkei« (2017).

Hasnain Kazim

Post von Karlheinz

Wütende Mails von richtigen Deutschen –
und was ich ihnen antworte

PENGUIN VERLAG

FSC www.fsc.org
MIX
Papier aus verantwortungsvollen Quellen
FSC® C014496

Verlagsgruppe Random House FSC® N001967

PENGUIN VERLAG

3. Auflage 2018

Covergestaltung und Covermotiv: Hafen Werbeagentur
Typografie und Satz: Uhl + Massopust, Aalen
Druck und Bindung: GGP Media GmbH, Pößneck
Printed in Germany
ISBN 978-3-328-10272-4

Dieses Buch ist auch als E-Book erhältlich.

Inhalt

Für S.

»Bevor du sprichst, lasse deine Worte durch drei Tore schreiten. Beim ersten Tor frage: Sind sie wahr? Am zweiten frage: Sind sie notwendig? Am dritten Tor frage: Sind sie freundlich?«

(Jalaluddin Rumi, 1207–1273)

»Die größte Gefahr in der Moderne geht nicht von der Anziehungskraft nationalistischer und rassistischer Ideologien aus, sondern von dem Verlust an Wirklichkeit. Wenn der Widerstand durch Wirklichkeit fehlt, dann wird prinzipiell alles möglich.«

(Hannah Arendt, 1906–1975)

»Man muss immer Partei ergreifen. Neutralität hilft dem Unterdrücker, niemals dem Opfer. Stillschweigen bestärkt den Peiniger, niemals den Gepeinigten.«

(Elie Wiesel, 1928–2016)

Vom Umgang mit Hass im Posteingang

Die ersten Briefe kamen Anfang der Neunzigerjahre. Schlichte weiße Umschläge, die Adresse mit Schreibmaschine getippt oder mit Kugelschreiber aufs Kuvert gekritzelt. Manchmal standen dort nur mein Name und der Name des Dorfes, in dem ich lebte, wenn sich die Briefeschreiber nicht einmal die Mühe gemacht hatten, im Telefonbuch meine vollständige Anschrift herauszufinden. Es gab nur eine Familie Kazim in 2161 Hollern-Twielenfleth.

Ich war damals 17 Jahre alt. Die Zuschriften kamen, weil ich in einem Schülerartikel in einer überregionalen Tageszeitung einen Bundestagsabgeordneten kritisiert hatte, der mit seiner »Warnung vor einer Überfremdung Deutschlands durch Migranten« Schlagzeilen gemacht hatte. Ich fühlte mich persönlich betroffen und warf ihm Stimmungsmache gegen Menschen mit anderer Hautfarbe vor. Insgesamt kamen sieben Briefe. Jeder einzelne war ein Schlag. Die allesamt anonymen Verfasser forderten mich auf, ich möge Deutschland verlassen oder doch wenigstens schweigen und akzeptieren, dass ich als Ausländer nichts zu melden habe.

Später wagte ich es, in diversen Zeitungen Übergriffe auf fremd aussehende Menschen zu kritisieren. Die Stimmung in den Nachwendejahren war furchtbar, es brannten Flüchtlingsheime, es wurde Jagd auf Ausländer gemacht. Wieder kamen Briefe, diesmal aus Ostdeutschland. Ein Dutzend etwa. Wieder hieß es, ich solle den Mund halten und am besten »zurück nach Pakistan« ziehen.

Mich schockierten diese Zuschriften. Sie waren deutlich harscher formuliert, als ich es jetzt zusammenfassend wiedergebe. Aus ihnen sprachen Ablehnung, Hass, auch die Unfähigkeit, Kritik hinzunehmen oder mit sachlichen Argumenten gegenzuhalten. Vor allem traf mich, dass sie allesamt nicht nur auf meine Kritik zielten, sondern auf mein Fremdsein. Ich, der »Ausländer«, habe gar nichts zu sagen!

Damals schüchterten mich diese Briefe ein. Ich war ja noch ein Jugendlicher, ein Schüler, und hatte keine Übung im Dialog mit Rechtspopulisten und Rassisten. Die Absender hätten beschreiben können, was genau sie an Migranten störte, was die Gründe für ihre ablehnende Haltung waren und weshalb ihrer Ansicht nach der Bundestagsabgeordnete recht hatte und nicht ich. Aber statt zu argumentieren, schrieben sie: »Ausländer raus!« und »Halt die Fresse, Kanake!«. Mein fremd klingender Name genügte ihnen als Rechtfertigung, verbal auf mich einzuprügeln.

Wenn heute von all dem Hass die Rede ist, der sich über Menschen ergießt, über Andersdenkende, Andersglaubende, Andersaussehende, Andersliebende, Anderslebende, dann klingt das oft so, als handele es sich um ein neues, erstaunliches Phänomen. Aber das ist nicht der Fall. Diesen Hass gab es schon immer. An Stammtischen, im privaten Kreis, in vertrauten Runden oder eben in anonym versandten Briefen. Doch Hass in Briefform kostete Zeit und Geld: Man musste sich ein Blatt Papier besorgen, sich hinsetzen und schreiben, den Brief in einen Umschlag stecken, die richtige Adresse herausfinden und das Ganze dann auch noch frankieren, sprich: bezahlen, und zum Briefkasten bringen. Diese Mühe wollten sich etliche Menschen nicht machen.

Neu ist also nicht der Hass an sich, sondern wie und wie sehr man ihn zu spüren bekommt. Die Kommunikation im Netz hat es leicht, vielleicht zu leicht gemacht, seiner Wut freien Lauf zu lassen. Eine Meinung ist heute schnell hingeschrieben, hingekotzt. Einfach ein paar Sätze runtergetippt, Grammatik und Rechtschreibung sind eh egal, das anonyme E-Mail-Postfach und der anonyme Account im Internetforum sind für solche Zwecke längst eingerichtet, klick und weg. Nicht der Hass, die Wut, die Unanständigkeit sind den neuen Kommunikationswegen geschuldet, sondern die Flut. Sie trifft heute viel mehr Menschen als früher.

Doch auch in der Gesellschaft hat sich etwas verändert. Der Ton in der politischen Auseinandersetzung ist härter geworden, immer mehr Menschen, auch respektable Leute, fordern allen Ernstes eine »weitgehende Normalisierung der Rechten als Diskursteilnehmer«.

Menschenfeindliche Kommentare werden nicht etwa verurteilt, sondern immer häufiger als mutiger Tabubruch inszeniert. Immer offener und stolzer bekennt man sich zu Dingen, die früher unsagbar waren. Geil, dass man jemandem mal so richtig die Meinung geigen kann, derb und ungeschönt, und niemand kann einem das verbieten! Endlich sagt's mal jemand!

Wann diese Entwicklung eingesetzt hat, lässt sich nicht genau sagen, doch viele sehen in dem ehemaligen Bundesbanker und SPD-Politiker Thilo Sarrazin einen Wegbereiter der öffentlichen Verrohung. Sarrazin hatte 2010 behauptet, der gesamtdeutsche Intelligenzdurchschnitt sinke durch die Zuwanderung schlecht ausgebildeter Migranten, was zu einer heftigen Debatte führte, in deren Folge sich immer mehr Menschen trauten, Menschenverachtendes offen zu äußern. Die Wahl der »Alternative für Deutschland«, kurz AfD, in den Deutschen Bundestag 2017 war ein weiterer Dammbruch. In Zeiten, in denen rechtspopulistische Politiker in Parlamenten sitzen, traut man sich, zu seinem Hass zu stehen.

Es fällt auf, dass immer weniger Hassbriefe anonym sind. Unter viele Zuschriften setzen die Verfasser heute ihren vollen Namen, oft sogar ihre Adresse. Es ist keine Schande mehr, rassistisch, fremdenfeindlich, menschenverachtend zu sein. Im Gegenteil, diese Leute sind stolz darauf und werden dafür auch noch von vielen gefeiert. Echte Kerle! Mutige Frauen! Wobei, man muss schon sagen: Mehrheitlich sind die Wutschreiber

Männer. Richtige Deutsche jedenfalls! Die stehen zu ihrem Wort! Es gilt doch Meinungsfreiheit! Wir lassen uns von niemandem den Mund verbieten! Scheiß auf Moral und Anstand!

Doch man sollte nicht denken, dass nur irgendwelche ungebildeten Abgehängten, Leute ohne Perspektive, Hass im Netz verbreiten. Auch Professoren und Ingenieure, Ärzte und Rechtsanwälte schreiben wütende Briefe und Kommentare und setzen stolz ihre Titel und akademischen Grade unter ihren Hass. Und natürlich ist es keine rein deutsche Erscheinung, sondern eine, die vermutlich in vielen Teilen der Welt festzustellen ist. Ich selbst habe da zum Beispiel meine Erfahrungen mit türkischen Erdoğan-Fans. Die sind in ihrer Wortwahl etwas anders als die Rechtsextremisten (in den türkischen Zuschriften bin ich meist ein »Hurensohn«, »Ungläubiger« und »Verräter«), gelegentlich gibt es aber auch eine erstaunliche Deckungsgleichheit mit den Rechtsextremisten (etwa wenn mir vorgeworfen wird, ich sei »von Merkel gesteuert« oder wahlweise vom BND, von der CIA oder vom Mossad bezahlt). Der Hass als solcher ist der gleiche. Islamisten und Neonazis sind Geschwister im Geiste, das kann ich versichern. Beide Gruppen sind, auf ihre eigene Art, rechte Extremisten.

Seitdem ich als Journalist arbeite und oft über Themen wie Islamismus, Nationalismus, Patriotismus schreibe, hat die Zahl der Zuschriften, die mich erreichen, zugenommen. Und seitdem es E-Mail und Internet gibt, Facebook, Twitter und alle möglichen Foren, erhalte ich manchmal, wenn ich etwas geschrieben habe, das die Leute besonders aufregt, mehr als tausend Mitteilungen. Der Hass ist raumgreifend und allgegenwärtig. Ich habe in all den Jahren versucht zu lernen, damit umzugehen. Es gelingt mir mal besser, mal schlechter. Manchmal lache ich über die Zuschriften, die ich erhalte. Doch das ist oft ein verzweifeltes Lachen. Denn meistens schicken mir die Leute haarsträubend dummes Zeug. Gelegentlich kann dieser Schwachsinn auch witzig oder kreativ sein, aber wenn ich ehrlich bin, sind die meisten Zuschriften widerwärtig und erschreckend und beschränken sich auf die Androhung von Gewalt. Das meiste klicke ich einfach weg.

»Wir müssen mit Rechten reden«, höre ich immer häufiger, ebenso wie ich in Pakistan und Afghanistan gehört habe: »Wir müssen mit den Taliban reden«. Auch deutsche Politiker, die sich in ihrem Leben noch nie mit der Gedankenwelt der Taliban auseinandergesetzt hatten, die noch nie einem Taliban-Kommandeur begegnet waren, meinten damals, zwischen »guten Taliban« und »schlechten Taliban« unterscheiden zu müssen und dass man mit den »guten« doch reden müsse. Als ob es diesen Unterschied gäbe. »Wir müssen einander mit Respekt begegnen!«, höre ich heute. »Wir müssen den Dialog suchen!« »Wir müssen sachlich bleiben!« »Wir sollten nie Nazi sagen!« Oder: »Wir müssen mit den Leuten auf Augenhöhe reden!«

Bei solchen Aussagen frage ich mich: Ja, habt ihr

überhaupt einen blassen Schimmer davon, was da abgeht? Ich soll Leuten mit Respekt begegnen, die mich »in die Gaskammer!!!!« wünschen? Ich soll den Dialog mit Leuten suchen, die mir nichts anderes als »HAU AB NACH PAKISTAN! RAUS AUS DEUTSCHLAND!« in Versalien entgegenbrüllen? Und was soll, bitte schön, »auf Augenhöhe« heißen? Soll ich mich auf den Bauch legen, um mit diesen Leuten »auf Augenhöhe« zu reden? Diese, bei allem Respekt, dämlichen, jedenfalls unbeholfenen Ratschläge geben mir mehr zu denken als die meisten Beleidigungen und Drohungen. Ich empfinde dieses achselzuckende Zuschauen, solche »Na, damit musst du halt klarkommen«-Positionen als dröhnendes Schweigen.

Nicht selten höre ich die Meinung, ich solle halt endlich erkennen, wie die Mehrheit denke. Wir Journalisten sollten unseren »moralischen Überschuss« wieder hinter eine »neutrale Berichterstattung« stellen. Demnach wäre der ideale Politiker, der ideale Journalist, der genau das nachplappert und nachschreibt, was die vermeintliche Mehrheit denkt oder sagt oder fordert. Er spiegelt sozusagen den Wähler- beziehungsweise den Leser-/Zuschauer-/Zuhörer-Willen. Eine Bewertung, ein Wertemaßstab, gar ein moralischer, gelten als Versuch, die Mehrheit zu unterdrücken. Bloß kein innerer Kompass! Aber das wäre nichts anderes als opportunistisches Verhalten.

Und es wäre gefährlicher Unsinn. Denn wenn es zum Beispiel aufgrund irrationaler Ängste Forderungen nach der Todesstrafe oder den Ruf nach einem starken Mann gibt, dann können und dürfen Journalisten das nicht einfach spiegeln. Wir können über Rassismus, Menschenverachtung, Fremdenfeindlichkeit, Volksverhetzung, Radikalismus nicht »kühl berichterstatten«, sondern müssen das bewerten, einordnen, erklären. Würden wir ausschließlich berichten, täten wir so, als handelte es sich um normale, akzeptable Gefühlsäußerungen. Aber dem ist nicht so.

Mir macht Angst, dass Leute inzwischen in entspanntem Ton darüber philosophieren, wie man mit Rechten reden sollte. Aber diejenigen, die solche intellektuellen Fingerübungen ausprobieren, sind Leute, die durch die Rechten in keinerlei Weise bedroht sind, schon gar nicht existenziell. Ihnen wird nicht vorgeworfen, sie nähmen anderen – Deutschen! – den Arbeitsplatz weg, ihnen wird nicht gedroht, man müsste sie aus dem staatlichen Sozialsystem ausgrenzen, über sie wird nicht gesagt, sie gehörten überhaupt nicht in unsere Gesellschaft, in unser Land.

Mir macht Angst, dass ich eine Erosion des Widerstands bemerke. Natürlich gibt es Tausende, vielleicht Hunderttausende, sogar Millionen von Menschen, die gegen Extremismus eintreten oder auf die Straße gehen. Aber ich stelle fest, dass immer mehr Leute ihre ablehnende Haltung gegenüber Extremisten aufgeben, dass immer mehr Leute sich ermutigt fühlen durch verantwortungsloses Gerede, die Rechten seien ja nur »besorgte Bürger« und man müsse »die Nöte der Leute ernst nehmen«. Und außerdem: Die werden doch inzwischen von so vielen Leuten gewählt, wer weiß, vielleicht haben sie ja sogar recht.

Und mir macht vor allem der Inhalt der Briefe Angst, die ich tagtäglich erhalte. Zwar stumpft man mit der Zeit ab, nimmt Drohungen nicht mehr so ernst, es ist ja noch nichts passiert, außer dass man ab und an auf der Straße erkannt und angepöbelt wird. Aber unberührt lassen einen die hasserfüllten Zuschriften natürlich nicht.

»Warum liest du all das überhaupt?«, werde ich hin und wieder gefragt. Als Journalist bin ich auf Kommunikation angewiesen, darauf, dass ich Informationen erhalte – auch per E-Mail oder über andere Kanäle. Ich muss also alles, was mir geschickt wird, wenigstens einmal überfliegen. Wenn ich sage, dass ich das meiste einfach wegklicke, dann stimmt das zwar. Aber einen kurzen Blick, wenigstens den Bruchteil einer Sekunde, habe ich doch darauf geworfen. Ich weiß, dass der Hass, die Wut, die Beleidigungen und Drohungen da sind. Und irgendwann beginnen sie mich zu beschäftigen. Mein Denken zu besetzen und neue, seltsame Gedanken zu formen. Meine Zeit und meine Energie zu rauben. Zeit und Energie, die ich viel lieber in meine Arbeit oder in meine Familie stecken würde.

Die Zuschriften, die ich erhalte, haben mich verändert. Mein Misstrauen gegenüber Menschen ist in all den Jahren, allgemein gesprochen, eher größer geworden. Damit bin ich nicht allein. Inzwischen gibt es hierzulande immer mehr Menschen, die ihre Wurzeln in anderen Teilen der Welt haben und die sich fragen: Wenn's hart auf hart kommt, steht ihr dann wirklich hinter uns? Ich zähle mich dazu.

Wer austeilt, muss auch einstecken können, natürlich. Als Journalist teile ich aus, deshalb bin ich auch bereit, einzustecken. Ich habe daher in meiner bisherigen Berufslaufbahn nur fünfmal Strafanzeige gegen jemanden erstattet, der mir hasserfüllte Post geschickt hat. In diesen fünf Fällen handelte es sich um Drohungen, die ziemlich konkret waren, sodass Juristen mir zur Anzeige rieten.

In einem Fall – da lebte ich noch in Istanbul – schrieb mir jemand nach einem Terroranschlag in der Türkei: »Schade, dass Sie nicht unter den 32 Toten waren. Das wäre die einzige und erste Meisterleistung des IS seit seiner Gründung. Niemand müsste mehr deine hässliche Fresse sehen und deine dämlichen Propagandaberichte lesen. Demnächst bin ich in Istanbul und werde mir nur für dich zwei Tage Zeit nehmen, um dir Rosen zu schenken.« Das klang für mich wie eine verklausulierte Gewaltandrohung. Ein befreundeter Jurist sagte: »Erstatte Anzeige, dann ist das aktenkundig. Nur für den Fall, dass er tatsächlich vor deiner Tür stehen sollte.«

Über die mit der E-Mail mitgeschickten Daten konnte der Absender ermittelt werden. Er lebte in Berlin. Ich erstattete Anzeige. Nach vielen, vielen Monaten schrieb mir die Staatsanwaltschaft Berlin: »Sehr geehrter Herr Kazim, ich habe das Ermittlungsverfahren gemäß §170 Abs. 2 StPO eingestellt, da nach den durchgeführten Ermittlungen kein hinreichender Tatverdacht gegen den Beschuldigten besteht. Der Beschuldigte hat den ihm zur Last gelegten Sachverhalt bestritten. Er hat sich unter anderem wie folgt eingelassen: Auf seinen Account hat eine nicht näher bestimmbare Anzahl von Nutzern Zugriff. Der reale Verfasser der Mail ist leider nicht ermittelbar. Etwaige zivilrechtliche Ansprüche werden durch diese Entscheidung nicht berührt. Mit freundlichen Grüßen, XXX, Oberamtsanwältin«

Bei den anderen Anzeigen verhielt es sich ähnlich. Die Verfasser der Hass- und Drohbriefe konnten nicht ermittelt werden oder stritten ab, sie geschrieben zu haben. Es genügt also, wenn man sagt: Ich war's nicht, keine Ahnung, wer von meinem E-Mail-Account Drohungen verschickt hat. Und schon wird das Verfahren eingestellt. Solch eine Justiz lässt mich im Stich. Von der Seite des Rechtsstaats erwarte ich mir keine Unterstützung.

»Vergiss nicht, dass dein Satz eine Tat ist«, hat der französische Schriftsteller Antoine de Saint-Exupéry einmal geschrieben. Ein Satz, der in Zeiten von offener Hetze und blankem Hass im Internet keine Gültigkeit zu haben scheint. Vor einigen Jahren nahm ich mir vor, ihm wieder Geltung zu verschaffen. Denn es stimmt ja: Worte sind Taten. Wenn jemand zu Gewalt aufruft, wenn jemand Menschen als »Dreckspack«,

»Sozialschmarotzer«, »Asylantenschweine« bezeichnet, sind das verbale Gewaltakte. Und offensichtlich gibt es ein weitverbreitetes Missverständnis darüber, was Meinungsfreiheit ist. Tatsächlich bedeutet sie, dass ein Staat, eine Regierung niemanden wegen seiner geäußerten Meinung verfolgen darf. Seitdem jeder für die ganze Welt sichtbar alles im Netz äußern kann, glauben viele aber, dass das Beleidigen, Beschimpfen und Bedrohen von Menschen unter Meinungsfreiheit falle. So, als müsste man einfach alles mit sich geschehen lassen. Als gäbe es ein Recht auf Widerspruchsfreiheit.

Aber das war vor den Zeiten des Internets nicht so, und das ist auch heute nicht so. Die Freiheit zu äußern, was man denkt, sollte freilich so groß wie möglich sein. Und natürlich kann jeder sagen oder schreiben, was er mag – aber er muss dafür die Konsequenzen tragen. Für seine Worte trägt man Verantwortung, für seine Sätze muss man geradestehen. Das gilt selbstverständlich auch für uns Journalisten. Doch in der Welt des Internets, in der man meint, mehr oder weniger anonym alles sagen zu können, ist diese Verantwortung für die eigenen Worte bei vielen Menschen in Vergessenheit geraten.

Ich befürchte, dass keine geringe Anzahl an Menschen glaubt, sie dürfe straflos zum Anzünden von Flüchtlingsheimen oder zum Ermorden von Menschen aufrufen. Ich bin der festen Überzeugung, dass wir diese Menschen die Folgen ihrer Worte spüren lassen müssen.

So begann ich vor vielen Jahren, Zuschriften an mich in den sozialen Medien zu veröffentlichen, um deutlich zu machen, was mich tagtäglich erreichte. In einigen Fällen veröffentlichte ich auch die Namen oder die E-Mail-Adressen der Verfasser. Mir war unwohl dabei, zum Mittel des Prangers greifen zu müssen. Nur: Was tun, wenn einem die Justiz nicht hilft? War es nicht gerechtfertigt, Leute, die heimlich Bösartiges im Netz verbreiten, aus ihrer Anonymität zu zerren?

Rechtlich war das sicherlich nicht unproblematisch, aber, so dachte ich mir, sollten sie mich doch verklagen. Dann hätten wir vor Gericht auch gleich über ihre Zuschriften sprechen können. Aber niemand verklagte mich. In einigen Fällen baten die Schreiber um Entschuldigung und darum, die veröffentlichte Korrespondenz doch zu löschen. Ich kam dieser Bitte immer nach, wenn auch manchmal erst nach einer gewissen Zeit. Strafe muss sein!, dachte ich mir.

In einigen Fällen ging ich sogar noch weiter. Nachdem ich in einem Kommentar auf SPIEGEL ONLINE die »Pegida«-Kundgebungen in Dresden kritisiert hatte, schrieb mir jemand: »So einen Müll wie dich muss man beseitigen, damit du nicht die ganze Umwelt vergiftest!« Und, nach weiteren verbalen Entgleisungen: »Man sollte dir alle Knochen brechen!!!« Der Mann schrieb mir unter Klarnamen – und von seiner Firmen-E-Mail. In diesem Fall investierte ich ein paar Minuten in die Recherche und fand heraus, dass der Mann in mehreren Foren rechtsextremes Gedankengut verbreitete. Ich fand die E-Mail-Adresse des Gesamtverteilers der Firma heraus, für die er arbeitete. Ich kopierte seine Hassmail und schrieb darüber: »Sehr geehrter Herr XXX, ist das wirklich Ihre Art, Kritik zu üben?« Dann schickte ich seine Mail an den Gesamtverteiler seiner Firma.

Lange Zeit hörte ich nichts und legte die Angelegenheit irgendwann gedanklich zu den Akten. Doch ein halbes Jahr später schrieb mir der Geschäftsführer jener Firma, es tue ihm leid, dass ein Mitarbeiter seines Unternehmens mir eine derartige E-Mail geschickt habe. Darüber hinaus teilte er mir mit, dass man den Mann in der Zwischenzeit entlassen habe. Die E-Mail an mich sei zwar nicht der Auslöser gewesen, habe aber zu der Entscheidung beigetragen.

Ich weiß nicht, was das Ganze bei dem Mann bewirkt hat, ob er sich Gedanken über sein Verhalten gemacht, ob er seine menschenverachtende Haltung überdacht hat. Vermutlich ist er nun noch verbitterter, noch frustrierter, noch missmutiger. Aber immerhin sollte ihm deutlich geworden sein: »Vergiss nicht, dass dein Satz eine Tat ist.« Nur darum ging es mir.

Ab 2013 machte ich bei Hate Poetry mit, einer antirassistischen Leseshow, bei der ich gemeinsam mit großartigen Journalistinnen und Journalisten Hassbriefe um die Wette vorlas. Wir alle hatten einen »Migrationshintergrund« und wurden nicht nur wegen unserer journalistischen Arbeit, sondern auch wegen unserer vielleicht fremd klingenden Namen oder wegen unseres

Aussehens angegriffen, beschimpft, bedroht. Auf der Bühne machten wir aus dem Dreck, den wir erhielten, ein Fest. Dem Publikum gefiel das, vor allem aber gefiel es uns, weil das öffentliche Lesen eine Befreiung war. Der Austausch mit den Kolleginnen und Kollegen tat gut. Wir waren nicht mehr allein mit all dem Hass. Jetzt lachten wir über ihn, über diese Kleingeister, die uns das schrieben, wir lachten sie aus.

Ich fand das Konzept grandios. Aber wir erreichten damit nicht diejenigen, die wir erreichen mussten: die Verfasser der Hassbriefe. Das Publikum, das zu den Veranstaltungen kam – und jedes Mal war es ein wahrer Andrang –, stand eh auf unserer Seite. Wir rannten sozusagen offene Türen ein.

Auch durch die Hate-Poetry-Lesungen wurde mir bewusst, dass mir nichts anderes übrig blieb: Ich musste ihn führen, den Dialog mit den »besorgten Bürgern«, den Rassisten, den Frustrierten und Wütenden. Ich geb' euch Augenhöhe!, dachte ich mir – und beschloss, den Hassbriefschreibern zu antworten. Aber nicht mit weichgewaschenem Marketingsprech – »Oh, ich kann Ihre Verärgerung nachvollziehen«, »Bitte bleiben Sie uns doch gewogen«, »Selbstverständlich werde ich Ihre Anregungen berücksichtigen« –, denn es war ja wütender, pöbelnder, absurder Unsinn, der mich erreichte, keine Kritik. Sondern ich begann, genau, »auf Augenhöhe« zu antworten.

Natürlich konnte und kann ich nicht allen schreiben. Manche Zuschriften sind so abstoßend und verabscheuungswürdig, dass es von vornherein keinen Sinn ergibt, darauf zu antworten. Zwar versuche ich auch bei solchen Zuschriften hin und wieder, einen Dialog zustande zu bringen. Manchmal klappt es, oft nicht. Gelegentlich sind die Schreiber beschämt oder auch nur überrascht, dass ich ihnen antworte. Gerechnet haben sie damit meist nicht. Andere fühlen sich durch eine Antwort von mir ermutigt, jetzt erst recht zu pöbeln. Sie glauben, mich getroffen zu haben, weil ich ihnen ja zurückschreibe und damit Aufmerksamkeit schenke. Wieder andere Dialoge bringen dem Schreiber oder mir oder uns beiden eine neue Erkenntnis – das sind dann die idealen Fälle.

Der allergrößte Teil dieses Austauschs findet zwischen den Verfassern der Zuschriften und mir statt, ohne dass andere Menschen etwas davon mitbekommen. Doch manche Dialoge veröffentliche ich auf Facebook. Ich möchte dadurch einer größeren, nichts ahnenden Öffentlichkeit zeigen, mit welchen Leuten wir es in unserer Gesellschaft zu tun haben. Wie viel Hass, Frust, Dummheit, Ignoranz, Häme, Niedertracht, Menschenverachtung, Intoleranz, mangelnden Anstand und fehlende Bildung es gibt. Es geht mir nicht darum, die Verfasser dieser Zuschriften vorzuführen. Deshalb nenne ich ihre Namen nicht – auch wenn sie mir unter Angabe ihres Namens (und zum Teil sogar ihrer Adresse) geschrieben haben – und streiche alle Angaben aus der Korrespondenz, die Hinweise auf ihre Identität geben könnten.

Ab und zu sagt mir jemand, nun sei doch auch mal gut, jetzt wisse man ja, dass ich solche Post bekomme, und ich könne langsam mal damit aufhören, so etwas immer wieder zu veröffentlichen. Aber mehrheitlich stoßen die Dialoge auf großes Interesse. Ein Austausch mit einem Mann namens Karlheinz, der mich einen »SCHMIERFINK« nannte, »der nur ANTIDEUTSCH DENKT UND SCHREIBT!!!«, und der mir zeigen wollte, »was ein ECHTER DEUTSCHER ist!!!«, wurde viele Tausend Male geteilt. Ich hatte ihm angekündigt, dass ich mit meiner muslimischen Großfamilie anreisen würde, nur um zu lernen, was ein »echter Deutscher« sei.

Manchmal fallen mir auch kreativere Antworten ein. Ein Georg aus Zwickau schrieb mir einmal: »Beweisen Sie, dass Sie Deutscher sind!!! Ein deutscher Pass genügt nicht!!!« Nun hatte gerade meine Schwiegermutter meinem Sohn ihre alte Blockflöte geschenkt. Ich nahm also das Instrument, das ich zuletzt Anfang der Achtzigerjahre in der musikalischen Früherziehung in der Hand gehalten hatte, und versuchte, die deutsche Nationalhymne zu spielen. Deutscher ging es nicht, oder? Ich filmte mich bei meinem Flötversuch, schickte Georg das Video und veröffentlichte es auf Facebook mit dem Hinweis: »Na gut, Georg, alte Blockflöte, hier der Beweis!« Das Video wurde mehrere Hunderttausend Male angesehen, etliche Medien griffen es auf, sogar Journalisten aus Japan und den USA riefen mich deswegen an.

Ich solle die Dialoge doch als Buch veröffentlichen, rieten mir viele Freunde und Kollegen. Bei früheren Vorschlägen, die Hasszuschriften zu publizieren, hatte ich immer abgelehnt. Ich wollte dieses Zeug nicht einfach unkommentiert gedruckt sehen. Aber jetzt waren aus den Briefen und Mails Dialoge entstanden, Aktion und Reaktion, ein Austausch. Ich hatte dem Dreck etwas entgegenzusetzen und wehrte mich gegen diejenigen, die Hass verbreiteten.

Ich sichtete also das Material. Seitdem ich Anfang 2016 damit begonnen hatte, regelmäßig auf die Zuschriften zu antworten, hat sich eine Menge Korrespondenz angesammelt, per E-Mail, in Chats, auf Facebook und Twitter, auch per herkömmlicher Briefpost. Das meiste davon hatte ich noch nicht veröffentlicht. Für die Zusammenstellung in diesem Buch habe ich mich dafür entschieden, alle Namen der Absender zu anonymisieren und die Briefe nur behutsam in Rechtschreibung und Grammatik zu redigieren. Schließlich soll es nicht darum gehen, sich über sprachliche Schwächen lustig zu machen. (Auch wenn mir einmal mehr bewusst geworden ist, wie sehr die Verfasser von Hassbriefen Ausrufezeichen lieben.) Nur in wenigen Fällen, wenn ich in meiner Antwort die Sprache des Absenders thematisiere, habe ich die Zuschriften unverändert gelassen. Manche Dialoge sind mit genauen Zeitangaben versehen, andere, bei denen ein Mail- oder Chatprogramm die Uhrzeit nicht angegeben hat, nur die Tagesdaten.

Inhaltlich habe ich in den Dialogen nichts verändert. Bei der Sichtung des Materials – es sind Hunderte, wirklich Hunderte Dialoge! – wird deutlich, dass sich die angeschnittenen Themen oft gleichen. Auch in meinen Antworten wiederholen sich Formulierungen. Mich verwundert das nicht, es bin ja immer ich, der auf ähnliche Themen antwortet, wenn auch über einen längeren Zeitraum hinweg. Doch ich habe meine Antworten so belassen, wie sie in der Hitze des Wortgefechts geschrieben wurden, auch wenn ich im Nachhinein das eine oder andere anders formulieren würde.

Aus der Fülle der Zuschriften und Antworten ist dieses Buch entstanden. Manches sind kurze, flüchtige Dialoge, mit denen ich mich nur in den Augenblicken befasste, in denen ich die Zuschriften las und den Leuten antwortete. Andere Korrespondenz beschäftigte mich länger. Denen, die mich »in den Gasofen schicken!!!!!!!!!!!!« oder mich »einen Kopf kürzer machen«, die mich also »am liebsten tot sehen« wollten, habe ich selten geantwortet. So etwas findet sich deshalb kaum in diesem Buch – ganz aussparen möchte ich es aber nicht. Es gehört leider zu meinem Alltag.

Die Korrespondenz hat mich viel Kraft gekostet. Ich habe Menschen kennengelernt, die nachvollziehbare Kritik nur nicht vernünftig äußern können, die also an ihrer Unfähigkeit scheitern, ihr Anliegen in Worte zu kleiden. Ihnen kann man, das habe ich gelernt, mit einem weiten Herzen und ein bisschen Entgegenkommen helfen. Doch ich traf auf andere, die einfach nur irgendwo ihre Emotionen abladen wollen und niemanden haben, bei dem sie es tun können. Also nutzen sie dankbar die Gelegenheit, einem Journalisten, über den sie sich eh schon aufgeregt haben, zu schreiben. Und ja, ich hatte mit waschechten Rassisten zu tun, die an die »Überlegenheit der weißen Rasse« glauben und an die »Minderwertigkeit brauner Menschen wie du«.

Bei sehr vielen Hassbriefschreibern drängt sich mir der Eindruck von Wohlstandsverwahrlosung auf: Menschen, die alles haben, finanziell abgesichert sind, sich alles leisten und viele Reisen machen können, die sich um nichts sorgen müssen – und doch zu den Ärmsten der Gesellschaft gehören: vereinsamt, orientierungslos, übersättigt. Für ihr Elend suchen sie nach einem Sündenbock. Das sind mal »die Politiker«, mal »die Mainstreammedien« und »die Lügenpresse«, dann wieder »die Muslime« oder »die Flüchtlinge«. Leute, die zum Teil durchaus Kritikwürdiges zu Schreckensvisionen vergrößern, um daran ihr Ego zu stärken. Die einen Feind brauchen, um sich selbst gegen ihn positionieren und sich ein »Wir« und »die Anderen« basteln zu können.

Bis zu einem bestimmten Punkt habe ich mit solchen Leuten einen Dialog geführt, aber auch meine Geduld kennt Grenzen. Und bei Leuten, die es wahnsinnig gut haben im Vergleich zu den meisten anderen Menschen, hat meine Geduld recht schnell ein Ende.

Oft werde ich gefragt, was das mit einem macht, wenn man ständig hasserfüllte Post erhält, wenn man täglich auf diese Weise angegangen wird. Tja. Jeder geht anders damit um. Ich kenne Kolleginnen und Kollegen, die sich zurückziehen, die aufhören, über Themen wie Flüchtlinge oder Migration zu schreiben, weil sie sich solchen Angriffen nicht aussetzen wollen. Anderen macht es weniger aus, man legt sich mit der Zeit ein dickeres Fell zu. Ich kann also nur für mich sprechen, und ich sehe die Post, die ich bekomme, als Ansporn, mit meiner Arbeit als Journalist weiterzumachen. Aber ich will nicht verschweigen, dass sie mir von Zeit zu Zeit die Unbeschwertheit und die Gelassenheit raubt. Das Entsetzen, das ich damals empfunden habe, als mich in Hollern-Twielenfleth die ersten sieben Briefe erreichten, ist vorbei. Heute bin ich so etwas längst gewöhnt. Und doch ärgert es mich, wenn Leute ihre Kritik, ihren Frust und oft genug auch ihre eigene Faulheit oder Dummheit in Hass auf andere ummünzen.

Häufig versuche ich es mit Humor zu nehmen, auch wenn mir beim Lesen der Zuschriften nicht nach Lachen zumute ist. Humor ist ein Weg, mit all dem Hass fertig zu werden, ihn auszuhalten, zu ertragen. »Der Witz hilft mir dabei, dass ich mit der Angst fertig werde, in meiner Traurigkeit zu versinken. Damit ist der Witz eine gute Waffe gegen die Angst«, hat der österreichische Kabarettist Michael Niavarani einmal formuliert. Ich finde, das trifft es sehr gut. Im Idealfall ist Humor auch eine Waffe, die sich gegen Hassbriefschreiber richtet, nämlich dann, wenn es gelingt, sie zu treffen, zu demaskieren oder wenigstens zum Nachdenken zu zwingen. Das klappt nicht immer, aber doch oft genug, sodass es sich lohnt, diesen Weg zu beschreiten. Wichtig ist, niemals zurückzuhassen. Sonst hat man von vornherein verloren.

Ob mit oder ohne Humor, ich bin überzeugt, dass wir nicht schweigen dürfen. Ich glaube, viele der Hassbriefschreiber wünschen sich, dass Menschen wie ich sich aus dem öffentlichen Diskurs verabschieden. Aber wenn wir schweigen, wenn wir diese Leute ignorieren, beginnen wir, ihren Hass und ihre Häme zu akzeptieren. Also, reden wir!

Der Islam …

Oh, der Islam! Gehört er zu Deutschland? Oder ist er »unser allergrößter Feind«, eine »Mörderideologie«? Nichts treibt Hassbriefeschreiber so sehr um wie der Islam. Ich würde sagen: Die meisten Zuschriften, die ich bekomme, beschäftigen sich mit diesem Thema. Die Verfasser kritisieren, verurteilen, verdammen den Islam. Meist verstehen sie nicht viel von dieser Religion, aber warum wissen, wenn man meinen kann? Oft halten sie mich, vielleicht wegen meines Namens oder wegen meiner Berichterstattung aus Ländern wie Pakistan oder der Türkei, für einen Muslim und beschimpfen mich deshalb stellvertretend. Wie gesagt: Die Meinungen der meisten Briefeschreiber stützen sich nicht auf fundiertes Wissen. Dass sie dadurch Gefahr laufen, nicht ernst genommen zu werden, interessiert sie nicht – sie wähnen sich in der Mehrheit und damit im Recht. Ich sage immer: dumm, aber glücklich.

Das Drama ist, dass es in der sogenannten islamischen Welt und bei Haltungen und Ideen, die von dort kommen, tatsächlich einiges zu kritisieren gibt. Ich habe viele Jahre in islamisch geprägten Ländern gelebt, und ja, es läuft dort sehr vieles schief. Intoleranz gegenüber Andersgläubigen, Unterdrückung von Frauen, Stammesgesellschaften mit archaischen Konfliktlösungsmechanismen, Antisemitismus, Fremdenfeindlichkeit und die Überzeugung, die eigenen Ansichten stünden über denen anderer, sind nur einige der Probleme. Aus der radikalen Auslegung des Islam heraus erwächst Terror, der inzwischen weltweit zu einer Geißel geworden ist. Wer behauptet, das habe »nichts mit Islam zu tun«, denn »Islam ist Frieden«, erkennt das Problem nicht oder redet es zumindest klein.

Und ja, natürlich unterscheidet sich die islamische Kultur in all ihrer Vielfalt von der, die die meisten Menschen in Deutschland gewöhnt sind. Ich kann also nachvollziehen, dass Menschen sich schwertun, Neues, Fremdes zu akzeptieren, insbesondere, wenn der Wandel sich zu schnell vollzieht.

Nur indem man die Debatte sucht, in den Austausch miteinander tritt, kann man Probleme lösen. Selbstverständlich ist Kritik erlaubt, auch am Islam. Die Wahrung von Grund- und Menschenrechten darf nicht haltmachen an den Grenzen der Rücksichtnahme auf den Islam oder, allgemeiner gesprochen, irgendeiner Religion oder Kultur.

Lese ich aber die Zuschriften zum Thema Islam, stelle ich fest: Den meisten Briefeschreibern geht es nicht um sachliche, präzise Kritik und um das Lösen von Konflikten. Wer eine Weltreligion mit bald zwei Milliarden Menschen pauschal zu einer »Terrorideologie« erklärt, will nichts Sinnvolles zu einem friedlichen Miteinander beitragen. Es wird schlicht gepöbelt und geschimpft, dass es kracht. Äußere ich mich in einem Artikel zum Thema Kopftuch oder, o Gott, o Gott, Burka – schon sind tausend E-Mails da.

Heinz K. schreibt mir am 16. Juni 2016:

Mohammedaner sind Frauenhasser!!! Islam ist eine frauenverachtende Ideologie!!! Wir müssen uns mit gewaltlegitimierenden Männlichkeitsnormen in der mohammedanischen Vergewaltigerkultur auseinandersetzen!!!! Das ist die Lehre aus den tausendfachen Übergriffen Silvester in Köln und anderswo!!!! Ich weiß nicht, ob auch Sie ein Mohammedaner sind oder nicht, aber auch Sie sollten sich dazu bekennen!!!!

Meine Antwort am 18. Juni 2016:

Lieber Heinz K.,

danke für Ihre besorgte E-Mail. Sie haben völlig recht: Der Islam ist frauenverachtend, alle Muslime Frauenfeinde und der Koran voller Aufforderungen, Frauen zu missachten! Kennen Sie sich mit dem Koran aus, Herr K.? Wenn nicht, schicke ich Ihnen gerne eine Auflistung aller Stellen, in denen zur Unterdrückung der Frau aufgerufen wird.

Mit freundlichen Grüßen, Hasnain Kazim

✉ Er schreibt mir am 21. Juni 2016:

Immer her damit! Gut, wenn man in der Diskussion mit diesen Frauenverächtern den Koran als Beweis hat!

✉ Ich schreibe ihm am 25. Juni 2016:

Hallo Herr K.,
ganz richtig, es ist immer gut, Kritik mit Koranstellen belegen zu können. Daher diese Textstellen zu Ihrer Kenntnis:
1. Sure 17: »Und zur Frau sprach er: Ich will dir viel Mühsal schaffen, wenn du schwanger wirst; unter Mühen sollst du Kinder gebären. Und dein Verlangen soll nach deinem Mann sein, aber er soll dein Herr sein.«
2. Sure 22: »Ihr Frauen, ordnet euch euren Männern unter wie dem Herrn. Denn der Mann ist das Haupt der Frau, wie auch Mohammed das Haupt der Gemeinde ist, die er als seinen Leib erlöst hat. Aber wie nun die Gemeinde sich Mohammed unterordnet, so sollen sich auch die Frauen ihren Männern unterordnen in allen Dingen.«
3. Sure 45: »Die Frau verfügt nicht über ihren Leib, sondern der Mann. Ebenso verfügt der Mann nicht über seinen Leib, sondern die Frau. Entziehe sich nicht eins dem andern, es sei denn eine Zeit lang, wenn beide es wollen, damit ihr zum Beten Ruhe habt; und dann kommt wieder zusammen, damit

euch der Satan nicht versucht, weil ihr euch nicht enthalten könnt.«

4. Sure 54: »Eine Frau aber, die betet oder prophetisch redet mit unbedecktem Haupt, die schändet ihr Haupt; denn es ist gerade so, als wäre sie geschoren. Will sie sich nicht bedecken, so soll sie sich doch das Haar abschneiden lassen! Weil es aber für die Frau eine Schande ist, dass sie das Haar abgeschnitten hat oder geschoren ist, soll sie das Haupt bedecken.«

5. Sure 55: »Der Mann aber soll das Haupt nicht bedecken, denn er ist Gottes Bild und Abglanz; die Frau aber ist des Mannes Abglanz. Denn der Mann ist nicht von der Frau, sondern die Frau von dem Mann. Und der Mann ist nicht geschaffen um der Frau willen, sondern die Frau um des Mannes willen. Darum soll die Frau eine Macht [gemeint ist wohl ein Schleier] auf dem Haupt haben um der Engel willen.«

6. Sure 117: »Eine Frau lerne in der Stille mit aller Unterordnung. Einer Frau gestatte ich nicht, dass sie lehre, auch nicht, dass sie über den Mann Herr sei, sondern sie sei still. Denn Adam wurde zuerst gemacht, danach Eva. Und Adam wurde nicht verführt, die Frau aber hat sich zur Übertretung verführen lassen. Sie wird aber selig werden dadurch, dass sie Kinder zur Welt bringt, wenn sie bleiben mit Besonnenheit im Glauben und in der Liebe und in der Heiligung.«

Der Koran ist auch schwulenfeindlich, Herr K.! Hier der Beweis:
7. Sure 127: »Wenn jemand bei einem Manne liegt wie bei einer Frau, so haben sie getan, was ein Gräuel ist, und sollen beide des Todes sterben; Blutschuld lastet auf ihnen.«
Ich hoffe, das hilft Ihnen weiter!
Mit freundlichen Grüßen,
Hasnain Kazim

Seine Antwort am 26. Juni 2016

SUPER! DANKE!! GUTER MANN!!!!

Ich schreibe ihm einige Tage später, am 5. Juli 2016:

Hallo Herr K., haben Sie die Koranstellen eigentlich schon nutzen können?

Er antwortet mir innerhalb von Minuten:

Danke! Haue das JEDEN TAG allen Islam-Machos um die Ohren! Einem islamischen Schwulenhasser (DIE STOSSEN HOMOSEXUELLE VON HOCHHÄUSERN!!!!) habe ich belegt, dass der Islam schwulenfeindlich ist! DANKE NOCHMALS!!!!

✉ Ich schreibe ihm am 6. Juli 2016:

Herr K., mir ist da ein Fehler unterlaufen, das ist mir furchtbar peinlich. Aber leider stimmt alles nicht, was ich Ihnen geschrieben habe. Beziehungsweise, es stimmt doch, aber ein bisschen anders. Alles, was ich Ihnen geschickt habe, sind keine Koransuren, sondern Stellen aus der Bibel. Nur damit Sie das mal selbst prüfen können (sollten Sie mal tun, denn die Koransuren haben Sie ja offensichtlich nicht geprüft):

1. 1. Mose 3,16 (Nur damit Sie die Bibelzitierweise verstehen: Das bedeutet: 1. Buch Mose, Kapitel 3, Vers 16; ich habe alles nach der Luther-Bibel zitiert, nur falls Sie sich eventuell über eine leicht andere Sprache wundern.)
2. Epheser 5, 22–24 (Es heißt natürlich richtig beide Male »Christus« im Text, nicht »Mohammed«.)
3. 1. Korinther 7,45
4. 1. Korinther 11,5–6
5. 1. Korinther 11,7–10
6. 1. Timotheus 2,11–15
7. 3. Mose 20,13 (Sorry, Herr K., der Islam ist sicherlich schwulenfeindlich nach dem Buchstaben seiner Schriften – die Bibel und damit das Christentum sind es aber auch.)

Ich hoffe, Sie verstehen also, was ich Ihnen sagen will.

Herzliche Grüße,
Hasnain Kazim

Er schreibt mir 8. Juli 2016:

SIE SIND VERLOGEN UND HINTERHÄLTIG!!!

Ich antworte ihm am 9. Juli 2016:

Lieber Herr K.,

gut, Sie verstehen also nicht, was ich Ihnen sagen will. Was ich Ihnen NICHT sagen will, ist, das Christentum sei frauenverachtend oder schwulenfeindlich. Sondern was ich Ihnen sagen will, ist: Die religiösen Texte beinhalten oft sehr merkwürdige Dinge. Der Koran auf jeden Fall (und lesen Sie ihn doch bitte mal selbst, dann finden Sie sowohl die Stellen, die Sie suchen, aber auch ganz andere, die Ihrem Bild vom Islam widersprechen), die Bibel auch. Religion ist nicht per se schlecht oder gut, sondern sie ist das, was Menschen aus ihr machen. Oft genug ist das etwas Schlechtes, leider. Die Art, wie das Christentum praktiziert wird, jedenfalls bei uns, hat sich im Laufe der Jahre und Jahrhunderte stark gewandelt.

Ich gebe Ihnen recht, in vielen islamisch geprägten Ländern haben viele Männer ein, um es freundlich zu formulieren, seltsames Bild von der Rolle der Frau. Aber so, wie Sie es formulieren in Ihrer ersten Mail an mich, ist es falsch und unsachlich. Bei aller Wut und allen Emotionen, die da anscheinend mit Ihnen durchgehen, sollten Sie versuchen, sach-

lich zu bleiben. Die Welt wird dadurch ein Stückchen besser.
Viele Grüße,
Hasnain Kazim

Herr K. hat mir seither nicht mehr geschrieben.

Mehrere Leute, die im Internet gegen Muslime pöbeln, nennen sich »Maria gegen Scharia«. Eine »Maria gegen Scharia« schreibt mir am 10. Oktober 2016 um 16 Uhr:

GEGEN DEN ISLAM! GEGEN DIE SCHARIA! KAMPF DEM ISLAM! KAMPF DER SCHARIA! KAZIM RAUS AUS DEUTSCHLAND! GEH ZU DEINEN ESELFICKERN!

Ich antworte ihr am 10. Oktober 2016 um 17.30 Uhr:

Salam Aleikum, »Maria gegen Scharia«!
Können Sie mir bitte Namen und E-Mail-Adresse Ihres Vaters, Ihres Ehemannes oder Ihres Bruders nennen? Denen antworte ich gerne auf Ihre E-Mail.
Mit freundlichen Grüßen und Waleikum Salam,
Hasnain Kazim

✉ »Maria gegen Scharia« schreibt am 12. Oktober 2016 um 14.03 Uhr:

SCHEISS-MUSELMACHO!!! ICH BIN EINE FRAU UND STOLZ DARAUF! MEIN VATER, MEIN MANN UND MEINE BRÜDER WÜRDEN DICH GERNE KENNENLERNEN! ABER DANACH BIST DU NUR NOCH IN STÜCKEN, MUSELPACK! BEI UNS HABEN FRAUEN ALLE RECHTE!

✉ Ich antworte an Ihre E-Mail-Adresse am 14. Oktober 2016 um 13.10 Uhr:

Salam Aleikum, »Maria gegen Scharia«,
die Frauen in meinem Harem sind auch alle stolz. Aber kein weiteres Wort mit Ihnen, Weib. Schicken Sie mir die E-Mail-Adresse Ihres Vaters, Ihres Mannes oder Ihres Bruders, dann kommuniziere ich gerne weiter.
Waleikum Salam,
Hasnain Kazim

✉ Sie schreibt am 17. Oktober 2016 um 2.40 Uhr:

HABE GEHÖRT, SIE SIND GAR KEIN MUSEL????

✉ Ich antworte ihr am 21. Oktober 2016 um 10.10 Uhr:

Ach Maria, das meinen Sie jetzt nicht ernst, oder? Solange Sie mich für einen Muslim halten, duzen Sie mich. Kaum hören Sie, ich sei keiner, siezen Sie mich? Und Ihr ganzes Gekotze gegen »den Islam«, »die Scharia« – Sie haben wahrscheinlich keine Ahnung, was genau all das ist –, ist Ihnen das eigentlich nicht peinlich, dass Sie Ihr dummes Geblöke schriftlich in die Welt rausblasen? Dass Sie meine ironischen Zuschriften nicht kapieren? Ich kann nachvollziehen, dass es Dinge gibt, über die man sich aufregt. Ich rege mich oft genug über Worte und Taten anderer Menschen auf. Oft genug sind das Muslime, die ihr Reden und Handeln auch noch mit irgendwelchen schwachsinnigen religiösen Geboten begründen. Aber »die Muslime«? »Der Islam«? Sie würden viel zur Veränderung beitragen, wenn Sie sich 1. besser informieren, 2. Ihre Emotionen unter Kontrolle bringen und 3. sich besser und präziser ausdrücken würden. Aber so hinterlassen Sie nur einen jämmerlichen Eindruck. Sie nennen sich allen Ernstes »Maria gegen Scharia«. »Doof und stolz darauf« wäre ein passenderer Name.

Tschüss, Hasnain Kazim

»Maria gegen Scharia« hat mir nicht mehr geantwortet.

Herbert S. schreibt mir am 11. November 2016:

Du bist ein Islamist!!!!!!!!!!!! Du willst Deutschland übernehmen!!!!! Ich werde handeln!!!!!!

Ich antworte am selben Tag:

Assalamu alaikum, Bruder Herbert. Danke für deinen Aufnahmeantrag. Ich freue mich über deinen Wunsch zu handeln, ebenfalls Islamist zu werden und auf unserem Weg zu wandeln! Ich danke dir für dein Interesse und teile dir mit, dass du ab dem 1. Dezember 2016 unser Mitglied bist!
Willkommen, Bruder!
Waleikum assalam,
Abu Hasnain Bin Kazim, Tora Bora, Afghanistan

Er antwortet mir am 13. November 2016:

Hast du 'nen Arsch offen???????!!!!!!!!!!!!!!!

✉ Ich schreibe ihm am selben Tag:

Assalamu alaikum, Bruder Herbert. So sehr ich mich freue, dass du nun Mitglied unserer Gemeinde sein willst, so sehr bitte ich dich, auf dem rechten Weg zu wandeln und dich in deinen sexuellen Fantasien zu mäßigen. Dass wir Islamisten ein Faible für Anales hätten, ist ein Irrglaube. Wir bestrafen solche Fantasien mit Auspeitschungen. Sollten dich solche Gedanken plagen, so sprich es aus, und wir finden eine Lösung. Du bist auch willkommen, zu uns nach Afghanistan zu kommen. Wo ein Wille ist, ist auch ein Weg. Du kannst aber auch warten, bis wir unser Reich auf Deutschland ausweiten, und uns mit offenen Armen und freudigem Herzen empfangen.
Waleikum assalam, dein Bruder Kazim

✉ Herbert S. schreibt mir am selben Tag:

ANZEIGE IST RAUS!!!!!!

✉ Ich schreibe ihm am 17. November 2016:

Assalamu alaikum, Bruder Herbert. Danke für die Information. Ja, die Scharia-Polizei hat mich informiert, dass du dich selbst angezeigt hast wegen deiner Arsch-offen-Fantasien. Es ist gut, Bruder Herbert, dass du dich zu deinen Fehlern und Schwächen bekennst. Ich habe es im Ältestenrat besprochen, und wir werden diesmal von einer Auspeitschung absehen. Mögest du weiter auf dem rechten Weg wandeln! Waleikum assalam.

✉ Er schreibt mir am 21. November 2016:

DU BIST EINE GEFAHR FÜR DEUTSCHLAND!!!!

✉ Meine Antwort am 23. November 2016:

Assalamu alaikum, Bruder Herbert. Du irrst, mein Bruder. Meine Aufgabe ist, das Kalifat Deutschland zu schützen. Waleikum assalam.

✉ Er schreibt mir am selben Tag:

ICH MEINE DAS ERNST MIT ANZEIGEN!!!!

✉ Meine Antwort am 24. November 2016:

Hallo Herr S.,

bislang dachte ich, Sie würden die Ironie meiner Antworten auf Ihre, pardon, beknackten Zuschriften verstehen. Offensichtlich ist das nicht der Fall. Lesen Sie doch bitte mal meine Bücher und meine Artikel. Lesen Sie, was ich aus Pakistan, aus Bangladesch, aus Afghanistan, aus dem Irak, aus dem Iran, aus der Türkei, aus Ägypten, aus Tunesien etc. berichtet habe. Haben Sie je auch nur eine Zeile da-

von zur Kenntnis genommen? Wieso bin ich Ihrer Meinung nach ein »Islamist«? Wenn Sie mir das mal erklären, können wir gerne weiterreden. Bis dahin: Viel Glück mit Ihrer Anzeige.
Herzliche Grüße,
Hasnain Kazim

✉ Er schreibt am selben Tag:
DU SCHREIBST AUF FACEBOOK, DU WILLST EIN KALIFAT GRÜNDEN MIT SITZ IN DRESDEN!!!!!

✉ Ich schreibe ihm am 25. November 2016:
Große Güte, Herr S., Sie machen wirklich nicht viele Bilder pro Minute, oder? Sie nehmen das für bare Münze? Haben Sie sich mal meine Facebook-Seite angeschaut? Was, wenn ich dort morgen schriebe, dass ich die Weltherrschaft übernehmen will? Würden Sie das dann auch glauben?

Herr S. antwortet mir nicht mehr. Angezeigt hat er mich nicht.

Jemand, der sich »Siegfried Drachentöter« nennt, schreibt mir am 2. Dezember 2016 um 7.45 Uhr:

Sie wollen sich gar nicht in Deutschland integrieren und anpassen! Sie wollen Deutschland dominieren und demütigen!

Meine Antwort am selben Tag um 11.10 Uhr:

Ja, ich will den Ring euch zu knechten, euch alle zu finden, ins Dunkel zu treiben und ewig zu binden.

Er schreibt mir daraufhin am 3. Dezember 2016 um 11.15 Uhr:

Machen Sie sich ruhig lustig, aber Sie sind wie alle Muslime: Sie wollen nur Macht und noch mehr Macht! Und zwar auf militante Art und Weise! Es geht um Eroberung, um nichts anderes, geben Sie es zu! Das ist die Wahrheit!

Ich schreibe ihm am selben Tag um 18 Uhr:

Siegfried, alter Drachentöter!
Ich hab' es doch schon in meiner ersten Nachricht zugegeben! Wie Sie vielleicht wissen, habe ich ein paar Jahre bei der Bundeswehr gedient. Genau: Ich bin militant, trainiere täglich morgens und abends, vor und nach der Arbeit, stemme Gewichte und halte mich fit. Warum ich das tue? Weil ich eines Tages putschen werde, die Macht an mich reißen und islamistischer Diktator von Deutschland werde, das dann aber in Mordor umbenannt wird.
Mit besten Grüßen,
Generalfeldmarschall Hasnain Sauron Kazim

Seine Nachricht an mich am 5. Dezember 2016 um 7.49 Uhr:

Ich habe sämtliche Nachrichten von Ihnen gesichert und werde sie der Polizei übergeben! Sie sind eine Gefahr für Deutschland!

Meine Antwort am 6. Dezember 2016 um 9.10 Uhr:

Siegfried, einen schönen Nikolaustag wünsche ich Ihnen! Ja, tun Sie das. Sagen Sie den Polizisten einen schönen Gruß von mir. Die stecken alle mit mir unter einer Decke. Die Machtübernahme ist schon viel weiter fortgeschritten als Sie denken. Die dunkle Streitmacht steht.

Viele Grüße, HK
PS: Ich könnte noch jemand Mutigen, der »Siegfried Drachentöter« heißt, in meinen Reihen gebrauchen. Interesse? Einfach Bewerbung per E-Mail an mich.

Seine Antwort um 13.04 Uhr:

Was genau führen Sie im Schilde? Wollen Sie ein islamistisches Deutschland? Ihre E-Mails klingen nicht wie die eines ernsthaften Journalisten, der sachlich bleibt! Es sind Leute wie Sie, die mir Angst machen! Machen Sie ruhig weiter so, der deutsche Rechtsstaat wird Ihnen schon das Handwerk legen! Und schreiben Sie mir bitte nicht wieder!

Ich schreibe ihm um 14 Uhr:

Siggi, alter Angsthase, Sie fragen, was ich »im Schilde führe«, wollen dann aber keine Antwort? So geht das nicht! Lassen Sie mich wenigstens Ihre Frage beantworten. Also, was will ich?
1. Unterwanderung des deutschen Staates mit meinen Leuten. 2. Wenn stark genug und der richtige Augenblick: Putsch, militärisch, aber natürlich ohne Gewalt. 3. Erfindung von bunten Fantasieuniformen, die Pflicht für alle Untertanen, pardon, Bürgerinnen und Bürger werden. 4. Besetzung der Semperoper (Kenner sagen wie die Sachsen: »Semba

Öba«) in Dresden, Umwandlung in eine Moschee, Ausrufung des Kalifats. 5. Ersetzung des Grundgesetzes durch die Scharia. 6. Verbot lateinischer Buchstaben, Einführung der arabischen Schrift.
So, das ist meine Antwort. Zufrieden? Wenn Sie mitmachen wollen, gehen Sie einfach zu einer Polizeidienststelle Ihrer Wahl und sagen Sie: »Ich bin Siegfried Drachentöter, ich will beim Dresdner Kalifat mitmachen.« Die Beamten werden sich dann um alles Weitere kümmern.
Beste Grüße,
Ihr Hasnain Kazim

»Siegfried Drachentöter« hat mir leider nicht mehr geantwortet.

✉ Leserin Marianne M. schreibt mir am 5. Januar 2017 um 9.10 Uhr:

Herr Kazim, ich frage Sie: Sind Sie gegen die Vielehe?!

✉ Meine Antwort um 10.03 Uhr:

Liebe Frau M.,
ja. Warum fragen Sie?
Herzliche Grüße,
Hasnain Kazim

✉ Sie antwortet um 10.30 Uhr:

Und das soll ich Ihnen glauben? Sie als Mohammedaner befürworten das doch sicher. Ich frage Sie, weil Sie ein prominenter islamischer Vertreter sind!

✉ Meine Antwort um 10.35 Uhr:

Liebe Frau M.,
ich bin ein »Mohammedaner«? Ein »prominenter islamischer Vertreter«? Da verraten Sie mir wirklich Neuigkeiten, bitte erzählen Sie mir mehr über mich. Vielleicht wissen Sie auch etwas über ein millionenschweres Erbe, von dem ich noch nichts weiß? Aber abgesehen davon: Seien Sie sich sicher: Ich bin gegen die Vielehe.
Viele Grüße,
Hasnain Kazim

✉ Marianne M. schreibt um 10.57 Uhr:

Moslem bleibt Moslem, das sieht man doch an Ihrem Namen! Verraten Sie mir lieber, warum Sie gegen die Vielehe sind!

✉ Meine Antwort um 11.10 Uhr:

Liebe Marianne,
ich darf Sie doch sicher Marianne nennen, oder? Dann sind Sie sicher Volksmusiksängerin. Wer Marianne heißt, muss Volksmusiksängerin sein! Tragen Sie gerne Dirndl? Oder sind Sie eher eine norddeutsche Marianne?
Aber zu Ihrer Frage: 1. Sie sollten nicht von Äußerlichkeiten wie Hautfarbe oder Namen auf Haltungen, Überzeugungen, Ansichten, Glauben schlie-

ßen. 2. Keine Religion ist per se gut oder schlecht, sondern sie ist das, was Menschen aus ihr machen. Menschen, nicht irgendein Gott, nicht irgendein Prophet, sondern Menschen. Ich habe bei Ihnen den Eindruck, dass Sie eine pauschal negative Meinung über eine Religion haben. 3. Man muss natürlich nicht alles gut finden, nur weil es zu einer fremden Kultur oder einer anderen Religion gehört. Ich finde Polygamie, genauer: Polygynie, also ein Mann mit mehreren, maximal vier Frauen, frauenverachtend. Diese Praxis mag historisch begründet sein, weil Nachwuchs gezeugt werden musste, oder sonstige Gründe haben – sie ist und bleibt frauenverachtend. Dass manche Männer dies mit Religion begründen und manche Frauen ebenfalls glauben, das sei gottgewollt, und sich damit ihrem Schicksal hingeben, anstatt dagegen aufzubegehren, zeigt, wie geschickt Menschen Religion für ihre Zwecke zu instrumentalisieren wissen. Ich bin dagegen.

Gleichwohl: Wenn ein Mann mehrere Liebhaberinnen hat oder eine Frau mehrere Liebhaber (ist auch in Deutschland gar nicht so unüblich, wie ich höre), ist das seine beziehungsweise ihre Sache. Verstehen Sie?

Ich weiß, die Welt ist kompliziert. Aber wir können uns keine einfachere basteln. Auch wenn Ihre geliebte Volksmusik das suggeriert.

Herzliche Grüße und frohes Jodeln,

Hasnain Kazim

✉ Sie schreibt um 13.30 Uhr:

Lieber Herr Kazim,
weder bin ich Volksmusiksängerin noch Fan von Volksmusik, das können Sie mir glauben!!! Aber danke, dass Sie mir so ausführlich geantwortet haben. Sie haben recht, ich hätte nicht gleich von Ihrem Namen auf Ihre Religion schließen sollen. Ich habe mal gegoogelt und rausgefunden, wer Sie wirklich sind. Danke für Ihre Antwort, es freut mich zu lesen, dass Sie gegen die Vielehe sind.
MfG, Marianne M.

✉ Meine Antwort um 17 Uhr:

Liebe Frau M.,
glauben Sie mir: Durch Googeln erfahren Sie nicht, wer ich »wirklich« bin. Aber immerhin haben Sie jetzt ein paar mehr Informationen als nur meinen Namen.
Jetzt verraten Sie mir doch mal, warum Sie mir überhaupt geschrieben und mich gefragt haben. Wie kommen Sie dazu, ausgerechnet mich über meine Meinung zur Vielehe zu fragen?
Viele Grüße,
Hasnain Kazim

Sie schreibt um 22.15 Uhr:

Lieber Herr Kazim,
ich habe Ihren Kommentar gelesen, in dem Sie über Rassismus in Deutschland schreiben. Das hat mich geärgert, weil ich gedacht habe, warum schreibt ein Moslem über Rassismus bei uns, die haben doch selbst lauter Probleme, wie Vielehe! Deshalb habe ich Sie gefragt.
Nichts für ungut und viele Grüße,
Ihre Marianne M.

Manchmal bringt Kommunikation etwas. Aber sie ist anstrengend. Und bei manchmal Hunderten Zuschriften dieser Art ist ein solcher Austausch rein zeitlich nicht möglich. Es freut mich jedenfalls, dass Marianne nun meine Meinung über die Vielehe kennt und über unseren Mailwechsel ihr Benehmen wiedergefunden hat, mich am Ende mit »Lieber Herr Kazim« anredet und sich sogar als »Ihre Marianne M.« verabschiedet.

Claudio S. schreibt mir am 6. Januar 2017 um 17 Uhr:

Kasim, jammer nicht rum, alle würden nur gegen Araber und Moslems sein! Nenn mir was Positives, was aus Saudi-Arabien kommt! Nur eine Sache, aber komme mir nicht mit arabischen Zahlen oder Öl, sondern eine einzige Sache, kulturelle Leistung, von der wir sagen können, dass wir die auch haben wollen aus Saudi-Arabien! Nur eine einzige Sache!!! Es gibt nichts!!

Meine Antwort am selben Tag um 21.30 Uhr:

Lieber Herr S.,
doch, der Harem.
Mit freundlichen Grüßen,
Hasnain Kazim

✉ Claudio S. schreibt am 7. Januar 2017 um 11.11 Uhr:

?????????????? Du willst HAREM IN DEUTSCHLAND???? Du schreibst doch auf Facebook, dass du dagegen bist!

✉ Meine Antwort am selben Tag um 13.15 Uhr:

Lieber Herr S.,
ich schrieb gestern, dass ich gegen Polygamie bin, also gegen die Vielehe. In einem Harem herrscht keine Pflicht zur Eheschließung. Zudem ist dort die Zahl der Frauen nicht auf vier begrenzt.
Mit freundlichen Grüßen,
Hasnain Kazim

✉ Claudio S. schreibt um 21.20 Uhr:

Ihr Drecksmoslems wollt nur vögeln, nix andres im Sinn!!!! Vermehrt euch ohne Plan und Geld, und dann zu uns kommen und HARTZ VI verlangen! SCHMAROTZER

✉ Meine Antwort am 8. Januar 2017 um 10 Uhr:

Lieber Herr S.,
beruhigen Sie sich. Um einen Harem zu halten, benötigt man eine Menge Geld. Das ist nicht so leicht. Und mit Sozialhilfe oder »Hartz VI«, wie Sie es nennen, alleine gar nicht zu machen.

Sie müssen ja regelmäßig Schmuck kaufen, Parfums, Seide, die Zelte für die abendlichen Gelage wollen mit teuren Teppichen ausgestattet sein, und natürlich fließt auch Wein in Strömen, auch wenn man das als Traubensaft (also ohne Alkohol) tarnen muss. Glauben Sie mir, das ist nicht mal eben so finanziert. Ich zum Beispiel kann es mir nur dank meiner 30 Kinder von meinen vier Frauen leisten, für die ich monatlich knapp 6000 Euro Kindergeld beziehe. Ich hoffe, Ihre Fragen damit beantwortet zu haben.
Mit freundlichen Grüßen,
Hasnain Kazim

Claudio S. schreibt um 14.25 Uhr:
DU ARSCHLOCH DRECKSMOSLEM, ich zeig dich an wg. Sozialbetrug!!!

An dieser Stelle beende ich den weiteren Gedankenaustausch mit Herrn S. Herr S. braucht keinen Dialog und auch kein Verständnis, sondern psychiatrische Hilfe.

Jemand, der sich »Christ2017« nennt und mir in Zuschriften häufiger vorgeworfen hat, ein »Islamist«, ein »Mohammedaner« und ein »Islamfaschist« zu sein und dem ich bis dahin nie geantwortet hatte, schreibt mir am 7. Januar 2017:

Essen Sie Schweinefleisch, Herr Kazim?

Ich antworte ihm am 9. Januar 2017:

Nein, ich esse nur Elefant und Kamel. Elefant immer gut durch, Kamel gerne blutig.

Er antwortet mir am selben Tag:

Sie wollen Deutscher sein, essen aber kein Schweinefleisch! Nein, Herr Kazim, Sie sind ein Islamist! Ein Islamistenschwein, hätte ich beinahe geschrieben, vielleicht sollte ich das auch, denn damit treffe ich Sie! Islamistenschwein!

Ich schreibe ihm am 11. Januar 2017:

Mir war nicht klar, dass alle Deutschen Schwein essen. Danke für Ihre Aufklärung, jetzt weiß ich: Schweinefleisch ist deutsche Leitkultur! Wehe dem, dem ich beim nächsten Grillfest begegne und der sich nicht ein Schweinswürstchen in den Mund stopft oder gar, o weh, schlimmer als der schlimmste Islamist, ein Vegetarier ist!

»Christ2017« schreibt mir am 12. Januar 2017:

Sie nehmen den Mund ganz schön voll, Herr Kazim! Seien Sie mal ganz still als islamistischer Gast in unserem Land! Was Sie mir schreiben, das erzählen Sie mir und meinen Freunden mal ins Gesicht!

Ich antworte ihm am 13. Januar 2017:

Ich soll vor Ihnen und Ihren Freunden auftreten? Können Sie sich denn meine Gage überhaupt leisten? Unter hunderttausend Euro pro Abend mache ich's ja schon lange nicht mehr. Irgendwie muss ich mir meine ausschweifenden Haremsabende ja leisten können.

Er schreibt mir am selben Tag:

Herr Kazim, Sie sind eine Schande für Deutschland!

✉ Ich antworte ihm am selben Tag:

Nein, Sie sind eine Schande für Deutschland! Sie nennen sich »Christ2017«, geben aber nur dummes Zeug von sich, weil Sie Ihre Emotionen oder Ihr Leben oder alles zusammen nicht im Griff haben. Sie wollen Christ sein? Dass ich nicht lache! Sie wissen selbst, dass das, was Sie tun, falsch ist. Sonst wären Sie nicht anonym unterwegs. Ich beende das Gespräch jetzt mit einem herzlichen Gruß, den man sich in Wien gerne sagt: Geh scheißen.

Georg L. schreibt am 13. April 2016 um 16 Uhr:

Sehr geehrter Herr Kazim,
können Sie mir mal sagen, wie Sie das finden, dass NUR JUNGE MÄNNER aus diesen ganzen islamistischen Ländern zu uns kommen? Wie erklären Sie sich das? Sie lassen ihre Frauen und Kinder feige zurück, anstatt zu Hause zu bleiben, zu kämpfen und ihre Familien und ihre Ehre zu verteidigen! Finden Sie das nicht auch unmöglich? Ich will nicht, dass bei uns in Deutschland plötzlich lauter fremd aussehende, fremd denkende Männer das Straßenbild prägen! Können Sie das verstehen? Ich glaube nicht, sonst würden Sie sich nicht ständig zugunsten von Flüchtlingen in der Öffentlichkeit äußern.
Mit freundlichen Grüßen,
Georg L.

✉ Meine Antwort am 15. April 2016 um 9.30 Uhr:

Lieber Herr L.,
Zigtausende Frauen aus Thailand fänden Sie besser, ja?
Fragt mit freundlichen Grüßen
Hasnain Kazim

✉ Er schreibt am selben Tag um 19.15 Uhr:

Interessante Vorstellung. Nein, ich glaube, das würde mich nicht stören. Und wissen Sie, warum? Weil nur Männer aus Syrien, Afghanistan, Nordafrika etc. – Stichwort Silvester in Köln, Sie erinnern sich? – unsere Frauen begaffen, begrapschen und vergewaltigen!

✉ Meine Antwort am 18. April 2016 um 10.17 Uhr:

Hallo Herr L.,
wie schade für Sie, dass junge Männer aus diversen Krisen- und Kriegsländern flüchten, aber keine ostasiatischen Schönheiten. Obwohl, glauben Sie nicht, dass es dann einen Aufstand der deutschen Frauen geben könnte? »Die nehmen uns unsere Männer weg!« und so weiter? Oder fänden Sie das nicht so schlimm, weil Sie ja Ihre Freude an den Flüchtlingen hätten?

✉ Er antwortet am selben Tag um 12.25 Uhr:

Ich bin glücklich verheiratet! Wäre mir doch egal, ob schöne Frauen kommen! Aber mich stören notgeile Männer, die sich nicht unter Kontrolle haben!

✉ Meine Antwort am selben Tag um 17.38 Uhr:

Aber Herr L., ich verstehe Sie doch. Und ich stimme Ihnen zu, dass einige Männer aus jenen Ländern, die Sie erwähnen, ein sehr anderes oder, um es deutlich zu sagen, gestörtes Verhältnis zur Sexualität haben. Außerdem haben manche – nicht alle! – ein merkwürdiges Frauenbild. Das ist ein Problem, ein großes sogar. Daran müssen wir arbeiten und deutlich machen, was wir für richtig halten. Aber wir können doch deshalb nicht unser Bestreben, Menschen, die verfolgt werden, die um ihr Leben fürchten müssen, aufgeben, nur weil uns ein paar Leute, die zu uns flüchten, nicht gefallen. Und die meisten auch nur, weil wir irgendetwas Schlechtes über sie gehört, aber nicht erlebt haben.

Viele Grüße, Hasnain Kazim

✉ Georg L. antwortet am 19. April 2016 um 12.07 Uhr:

Alles schön und gut, aber Sie antworten trotzdem nicht, weshalb NUR JUNGE MÄNNER kommen und ihre Familien und ihr Land im Stich lassen, anstatt zu Hause zu kämpfen!

✉ Meine Antwort am selben Tag um 15 Uhr:

Lieber Herr L.,

haben Sie eine Ahnung, was es bedeutet, im Krieg zu leben? Wenn Ihr vertrautes Umfeld in Schutt und Asche gelegt wird? Wenn Sie erleben, wie Nachbarn oder Angehörige von Bomben zerfetzt, von Schutt begraben werden? Wenn mehr und mehr Menschen in Ihrer Umgebung ihre Sachen packen und flüchten, weil Sie um Ihr Leben fürchten?

Es stimmt nicht, dass ausschließlich Männer kommen. Aber ja, es kommen vor allem Männer, junge. Und wissen Sie, warum? Weil eine Flucht unglaublich gefährlich und teuer ist. Jeder hält die Hand auf und verlangt Geld von diesen Menschen, die ohnehin wenig bis nichts haben. Ein Schlepper lässt sich seine Fluchthilfe mit zehntausend Euro und mehr bezahlen. Das ist schon in unseren Ohren viel, aber stellen Sie sich das mal vor für eine Familie in Syrien oder in Afghanistan, wo der Durchschnittslohn viel, viel niedriger ist als bei uns.

Wie, glauben Sie, finanzieren die Menschen das? Indem sie alle zusammenlegen. Ihre wenigen Ersparnisse plündern, ihre Habseligkeiten verkaufen, alles zusammentragen, was sie haben. Und dann schicken sie die Person auf den Weg, von der sie glauben, dass sie die größten Chancen hat, durchzukommen, zu überleben, einen Job zu finden, Geld zu verdienen und nach Hause zu schicken, damit die anderen später nachkommen können. Und das sind nun mal eben die jungen Männer. Können Sie das nachvollziehen?

Herr L. antwortete nicht mehr.

Dr. Franz J. schreibt mir am 22. Januar 2017:

Sehr geehrter Herr Kazim,

(…) als schreibender Islamist, der Sie sind, frage ich Sie: Stimmen Sie der Aussage »Nicht jeder Moslem ist ein Terrorist. Aber fast jeder Terrorist ist ein Moslem« zu? (…) Ich würde mich freuen, wenn Sie mir antworten würden!

Ich antworte ihm am 24. Januar 2017:

Lieber Herr J.,

um es kurz zu machen: Im Großen und Ganzen ist der Satz richtig. Und zwar genauso richtig wie der Satz: »Nicht jeder Muslim ist ein Opfer von Terroristen. Aber fast jedes Terroropfer ist ein Muslim.« Denn tatsächlich ist es so, dass die mit Abstand meisten Selbstmordanschläge, Terrorangriffe und kriegerischen Auseinandersetzungen in islamischen Ländern stattfinden und mithin die meisten Opfer Muslime sind. Das ist ja auch der Grund dafür, weshalb so viele Menschen aus islamischen Ländern flüchten.

Terror ist natürlich eine Gefahr für uns alle. Er ist aber vor allem ein Ausdruck von gewaltigen Umwälzungen, Machtkämpfen und Veränderungen in der islamischen Welt.
Ich hoffe, Ihre Frage damit beantwortet zu haben!
Mit freundlichen Grüßen,
Hasnain Kazim
PS: Wissen Sie eigentlich, was ein Islamist ist? Wie kommen Sie darauf, mich als »schreibenden Islamisten« zu bezeichnen?

✉ Er schreibt mir am 31. Januar 2017:

Sehr geehrter Herr Kazim,
ja, Sie haben meine Frage beantwortet, wenn auch nicht zu meiner Zufriedenheit. Aber das ist dann wohl eher mein Problem. Danke dafür.
Viele Grüße,
F.J.
PS: Das mit dem schreibenden Islamisten war nicht so gemeint, nur eine kleine Provokation meinerseits. Falls ich Ihnen damit zu nahegetreten bin, bitte ich um Entschuldigung!

Henning G. schreibt mir am 17. Februar 2017:

Sehr geehrter Herr Kazim,
lese häufig Ihre Artikel und Kommentare, Tweets und Posts. Manchen davon stimme ich zu, anderen nicht. Da Sie aber häufig mit Verständnis für, im Sinne von: zugunsten von Muslimen argumentieren, möchte ich von Ihnen wissen: Mögen Sie das Kopftuch?
Mit freundlichen Grüßen,
Henning G.

Meine Antwort am selben Tag:

Sehr geehrter Herr G.,
da ich gerade unterwegs bin und wenig Zeit habe, halte ich mich kurz. Zu Ihrer Frage, ob ich das Kopftuch mag: Nein, ich mag es nicht.
Mit freundlichen Grüßen,
Hasnain Kazim

✉ Herr G. fragt daraufhin am selben Tag:

Sie sind also gegen das Kopftuch?

✉ Meine Antwort am 18. Februar 2017:

Sehr geehrter Herr G.,
nein, ich bin nicht gegen das Kopftuch. Ihre erste Frage war, ob ich das Kopftuch möge. Das habe ich mit Nein beantwortet. Das ist aber nicht gleichbedeutend damit, gegen das Kopftuch zu sein.
Mit freundlichen Grüßen, Hasnain Kazim

✉ Seine Replik am selben Tag:

Können Sie das bitte mal erläutern? Ich verstehe nicht, wie man nicht gegen das Kopftuch, ein islamisches Instrument der Unterdrückung der Frau!, sein kann! Gerade bei den politisch Linken sehe ich da eine gefährliche Haltung!

✉ Meine Antwort am selben Tag:

Sehr geehrter Herr G.,
ich weiß, das Kopftuch ist ein Thema, das vor allem in Deutschland die Gemüter erhitzt. Nun gut, ich will Ihnen ausführlich antworten, denn, ehrlich gesagt, ist bei diesem Thema deutlich mehr Differenzierung nötig, als es bei dem alltäglichen Stammtischgerede und »Social Media«-Gequatsche erfährt.

Ich halte es für falsch, das Kopftuch als Symbol der Freiheit und der Toleranz zu nutzen. Es ist auch nicht gut, dass in den Medien immer eine Frau mit Kopftuch herhalten muss, wenn es um das Thema Islam geht. Problematisch finde ich auch, wenn schon kleine Mädchen ein Kopftuch tragen und sie als Vorzeigemigrantinnen benutzt werden, wenn es um das Thema Integration und/oder Toleranz geht, weil man Mädchen und Eltern auf diese Weise zum Kopftuch ermutigt.

Aber ich halte es für ebenso falsch zu unterstellen, Frauen trügen ein Kopftuch, weil sie von einem Mann, sei es ihr Vater, ihr Bruder oder ihr Ehemann, unterdrückt würden. Das ist mitnichten so. Es mag sein, dass das Kopftuch sich einst als Instrument einer patriarchalischen Gesellschaft durchsetzte, und es ist gewiss so, dass immer noch sehr viele Frauen von Männern unterdrückt werden und daher ein Kopftuch tragen, sich verschleiern, verhüllen, jedenfalls unfrei sind in ihrer Entscheidung, welche Kleidung sie tragen.

Aber die meisten Frauen tragen Kopftuch, weil sie es gewohnt sind – aus welchem Grund auch immer. Sie tragen es, weil sie sich wohlfühlen damit, weil sie es immer schon so gemacht haben, weil ihnen ohne das Tuch die Ohren schlackern, weil ihnen sonst kalt ist oder sie sich einfach nackt fühlen. Und sie werden es auch weiterhin tun. Niemand zwinge sie, es zu tragen, und sie wollten bitte schön auch nicht gezwungen werden, es abzulegen, sagen sie. Man kann jedenfalls nicht mit der alten Leier von der Unterdrückung kommen. Das stimmt so pauschal einfach nicht.

Nun kann man lange darüber diskutieren, wie frei sie in ihrer Entscheidung wirklich sind und inwieweit »die Gesellschaft«, »ihre Kultur«, »ihre Religion« sie zwingen, es zu tragen. Das ist müßig. Dann könnten wir auch darüber reden: Wer zwingt uns Menschen überhaupt, Kleidung zu tragen? Zum Beispiel im Sommer, wenn es brüllend heiß ist? Wäre es nicht viel angenehmer, einfach nackt zu sein? Und warum ist es für Männer akzeptabel, mit freiem Oberkörper herumzulaufen, aber für Frauen nicht? Warum tragen Männer beim Schwimmen nur Badehose, aber von Frauen wird erwartet, dass sie auch ihre Brüste bedecken?

Natürlich gibt es Gesellschaften, in denen Frauen zwar behaupten, sich freiwillig zu verhüllen und es sich für sie auch so anfühlt, wo sie aber niemals kurzärmelig, in kurzem Rock oder gar im Bikini herumlaufen könnten. Und klar kann man dann argumentieren, dass Frauen, die nicht die Freiheit haben, das Kopftuch oder sonstige Verhüllung abzulegen, nicht wirklich frei sind. Natürlich sind islamische Gesellschaften, pauschal gesprochen, viel unfreier als westliche. (Übrigens sah es in Europa vor nicht allzu vielen Jahrzehnten auch anders aus. Die Freiheit wurde mühsam erkämpft.)

Darüber muss man mit diesen Menschen reden. Es ist beschwerlich, eingefahrene Denk- und Verhaltensmuster zu verändern, und allen voran sollte man sich fragen, wann und wo es nötig ist, sie zu verändern. Meine persönliche Meinung ist: Ich habe ein Problem, wenn Menschen ihr Gesicht verhüllen. Alles andere geht mich nichts an. (Grundsätzlich kann ich den Wunsch nach einem Burkaverbot nachvollziehen, aber das ist nun wiederum bei den paar Frauen, die hier in Burka herumlaufen, so albern, dass es einfach nur dämlich ist, wie viel Zeit darauf verschwendet wird.) Rein geschmacklich finde auch ich das Kopftuch nicht gerade ästhetisch, aber warum soll sich die Welt nach meinem Geschmack richten?

Was ich aber definitiv für falsch halte, ist, das Kopftuch zu verbieten, mit anderen Worten: die Frauen, die es tragen, sozusagen per Gesetz auszugrenzen. Das funktioniert nicht. Sie müssen sich nur die Türkei anschauen: Dort hat Atatürk vor hundert Jahren versucht, das Land mit Gewalt zu modernisieren. Frauen mit Kopftuch – immerhin die Mehrheit aller Frauen in der Türkei – wurden diskriminiert, ausgegrenzt, lächerlich gemacht, für primitiv gehalten. Sie durften nicht mehr an die Universitäten, keine staatlichen Jobs annehmen, wurden gezielt benachteiligt. Und nun schauen Sie sich an, wohin das geführt hat. Selbst heute, hundert Jahre später, hält der Widerstand dagegen an, ja bricht sich Bahn. Der türkische Präsident Erdoğan ist auch deshalb so erfolgreich und wird so geschätzt, geradezu geliebt von vielen Menschen, weil er diese Entscheidung Atatürks rückgängig macht.

Man kann eine Geisteshaltung nicht per Gesetz verordnen, sondern muss den mühsamen Weg des Dialogs, des Argumentierens, des Überzeugens gehen. Diesen Dialog müssen wir nicht untereinander führen, sondern mit den Betroffenen, und zwar mit Frauen ebenso wie mit Männern. Wir müssen den Diskurs, die Auseinandersetzung suchen, aber mit Respekt und in vernünftigem Ton.

Leider habe ich den Eindruck, dass wir diese Debatte gar nicht führen wollen, dass wir den Austausch nicht suchen, dass wir uns die Argumente der Betroffenen nicht anhören wollen, sondern unsere vorgefertigten Meinungen und Ansichten haben und die um jeden Preis durchsetzen wollen, weil wir das Fremde, das Andere scheuen, ebenfalls nach dem Motto: Das war schon immer so!

Ich verstehe die Bedenken gegenüber einem Symbol, das zum Teil für Unterdrückung und für eine Machogesellschaft steht, in der sich Männer nicht unter Kontrolle haben. Auf der anderen Seite steht mein unbedingter Wille zu einer freien Gesellschaft, in der jeder selbst entscheiden darf, wie er sich kleidet. Sie kritisieren auch die politische Linke. Nun, ich bin weder links noch rechts, beziehungsweise: in manchen Bereichen eher links, in anderen eher rechts,

alles in allem liberal. Und so sehr ich Sympathien für linke Typen habe, teile ich Ihr Unbehagen einer merkwürdigen Haltung von Linken beim Thema Islam: Sie benennen oft Missstände und Kritikwürdiges nicht oder nicht deutlich genug, aus Angst, man könnte den Rechten Munition liefern gegen Muslime. Aber, wie gesagt, beim Thema Kopftuch ticke ich dann eben, aus Ihrer Perspektive, links.
Das war eine sehr lange Antwort, aber ich hoffe, Sie verstehen nun meine vorherigen kurzen Antworten (»Mögen Sie das Kopftuch?« – Nein. – »Sind Sie gegen das Kopftuch?« – Nein.).
Herzliche Grüße,
Hasnain Kazim

Am 24. Februar 2017 schreibt Henning G.:

Sehr geehrter Herr Kazim,
danke für Ihre Antwort! Ich fühle mich geehrt, dass Sie sich die Zeit genommen haben, mir so ausführlich zu schreiben! Und Ihre Worte haben mir zu denken gegeben. Danke auch dafür, ich habe etwas gelernt! Ich habe mein Problem mit dem Kopftuch, aber Sie haben recht, man muss genauer hinschauen und differenzieren und den Dialog suchen. Seien Sie versichert, dass Sie bei mir etwas angestoßen haben!
Danke und mit freundlichen Grüßen,
Henning G.

Frau G. schreibt mir am 17. April 2017:

Verstehe ich richtig, dass Sie gegen Islamismus sind?

Ich antworte ihr am 19. April 2017:

Ja, bin ich, außer dort, wo der radikale militante Veganismus Oberhand gewinnt. Da setze ich darauf, dass die Salafisten dem Einhalt gebieten.

Ihre Antwort am 22. April 2017:

Salafisten sollen das mit Gewalt stoppen?

Meine Antwort am selben Tag:

Nein, mit Salamis.

Sie schreibt mir am 23. April 2017:

Salami ist Schweinefleisch, Herr Kazim, das sollten Sie wissen! Salafisten essen keine Salamis!

✉ Ich antworte ihr am selben Tag:

Nein, Frau G., echte italienische Salami ist Eselfleisch. Aber nun fragen Sie mich um Gottes willen nicht, ob Eselfleisch halal ist.

✉ Ihre Antwort am selben Tag:

Wieder was gelernt!

✉ Hans F. schreibt mir am 15. Mai 2017:

Sehr geehrter Herr Kazim,
mit Interesse lese ich Ihre Artikel, die Sie bisher vor allem aus der islamischen Welt geschrieben haben. Wie man nicht zuletzt an Ihrem Rauswurf aus der Türkei sieht, hat den Mächtigen in den islamischen Ländern Ihre Berichterstattung nicht gefallen. Sie können mit freier Presse eben nicht viel anfangen.
Meine Frage: Bezeichnen Sie sich als Islamkritiker?
Mit freundlichen Grüßen,
Hans F.

✉ Meine Antwort am 19. Mai 2017:

Sehr geehrter Herr F.,
vielen Dank für Ihr Schreiben vom 15. Mai 2017 sowie für Ihr Interesse an meiner Arbeit. Zu Ihrer Frage: Nein, weder bezeichne ich mich als Islamkritiker, noch verstehe ich mich als solcher.
Mit freundlichen Grüßen,
Hasnain Kazim

✉ Herr F. schreibt mir am selben Tag zurück:

Sehr geehrter Herr Kazim,
danke für Ihre Antwort! Darf ich fragen, warum Sie sich weder als Islamkritiker bezeichnen, noch als solchen verstehen? Sie sind doch ein scharfer Geist, der kritisch aus der islamischen Welt berichtet? Warum tun Sie als Promi das nicht im Namen der Islamkritik, zusammen mit anderen Promis wie Hamed Abdel-Samad? Außerdem sind Sie in Deutschland geboren und aufgewachsen. Wir müssen doch zusammenhalten gegen den Islam! Wenn Menschen wie Sie das tun, wirkt das viel glaubwürdiger, weil Sie den Islam kennen!
Mit freundlichen Grüßen,
Hans F.

✉ Meine Antwort am 21. Mai 2017:

Lieber Herr F.,
danke für Ihre Zuschrift vom 19. Mai 2017!
Ich befürchte, da liegt ein Missverständnis vor. Ich kritisiere »den Islam« nicht. Das habe ich nie getan. Der Islam besteht aus vielen Werten, Ideen, Weltanschauungen, die man kritisieren kann und darf und muss. Aber so vielfältig sie sind, so unterschiedlich sind auch »die Muslime«. Und natürlich kann man bei vielen kritisieren, wie sie den Islam dazu benutzen, ihr Handeln zu rechtfertigen.
Wenn ich aus der pakistanischen Hauptstadt über

Männer (denn es waren ausschließlich Männer) schreibe, die sich aus Wut über ein in den USA gemachtes, den Propheten Mohammed verhöhnendes Video mit Stöcken bewaffnen, zur US-Botschaft laufen und, weil der Weg dorthin versperrt ist, zu einem Hotel rennen, in dem auch Ausländer absteigen, und dort randalieren und einfach jeden Weißen bedrohen, dann kritisiere ich damit ebenjene Männer für ihr schwachsinniges Verhalten.

Wenn ich über einen türkischen Politiker schreibe, der beklagt, Frauen sollten in der Öffentlichkeit nicht laut lachen, sondern besser immer verschämt zu Boden schauen, dann kritisiere ich ebenjenen Politiker.

Die Männer in Pakistan und der Politiker in der Türkei mögen ihr Handeln mit dem Islam rechtfertigen, und ja, ich kritisiere die radikale, wörtliche Auslegung von Religion ohne jegliches Nachdenken, ohne jegliche Anpassung an heutige Gegebenheiten, ohne jegliche Berücksichtigung der heutigen Lebensweisen und Gepflogenheiten. Aber ich kritisiere nicht »den« Islam. Ich würde auch nicht »das« Christentum kritisieren, sondern Auswüchse im Namen der Religion.

Natürlich kann man auch den Islam als solchen kritisieren, auch polemisch oder mittels einer Karikatur. Die Reaktionen vieler Muslime darauf finde ich ebenfalls höchst kritikwürdig. Ich finde aber, Kritik am Islam (oder an jeder anderen Religion) überschreitet nur dann die Grenze des Zulässigen, wenn man eine Gruppe, in diesem Fall: die Muslime, generell dämonisiert und eine differenzierte, individuelle Sichtweise auf Muslime und Islam nicht mehr zulässt. Leider überschreiten viele »Islamkritiker« diese Grenze permanent.

Und um das auch gleich zu klären: Ich kritisiere auch nicht die Türkei, Pakistan, Österreich, Deutschland oder andere Länder. Sondern ich kritisiere das Handeln von Akteuren in diesen Ländern. Meist kritisiere ich Regierungshandeln, aber oft genug auch das Handeln anderer Akteure. Das ist die Aufgabe von Journalisten.

Und noch eines: Natürlich ist Antisemitismus inakzeptabel. Aber auch »israelkritisch« zu sein, geht meines Erachtens so nicht, denn damit stellt man ein ganzes Land in Frage, was inakzeptabel ist. Aber natürlich kann, darf und muss man israelische Regierungspolitik kritisieren.

Schon gar nicht will ich Kronzeuge irgendwelcher selbsternannten »Islamkritiker« und Rechten und »Retter des Abendlandes« sein für ihre beschränkte Sicht auf die Welt.

Ich hoffe, Sie verstehen.

Viele Grüße,

Hasnain Kazim

✉ Hans F. schreibt mir am 22. Mai 2017:

Sehr geehrter Herr Kazim,

danke für Ihre Antwort! Ihre Argumentation kann ich nachvollziehen. Gestatten Sie mir doch eine Nachfrage: Was halten Sie denn von Ihrem Kollegen Hamed Abdel-Samad, den ich bereits erwähnte?

Mit freundlichen Grüßen,

Hans F.

✉ Meine Antwort am 25. Mai 2017:

Lieber Herr F.,

ich lese, was Hamed Abdel-Samad schreibt, und kenne ihn auch persönlich.

Ich gehe davon aus, dass Ihre Frage darauf zielt, ob ich seine Ansichten teile. Nun, in weiten Teilen schon. Manche Dinge sehe ich anders. Und ich habe häufig den Eindruck, dass er allzu gefangen ist in seinen eigenen Erfahrungen und Erlebnissen. Dass er also gelegentlich Rückschlüsse auf »die« Muslime und »den« Islam zieht, die sich so nicht ziehen lassen. Außerdem finde ich, dass er sich zu sehr die Argumentation von Islamisten zu eigen macht, um sie damit zu kritisieren und zu entlarven. Ich finde, man sollte den Hardlinern gar nicht erst die Deutungshoheit über religiöse Angelegenheiten überlassen, wie er es tut.

Ich finde aber auch, dass manche Kritiker Hamed Abdel-Samad unrecht tun. So wurde er gescholten

für seine Auftritte bei der AfD. Ich war darüber, ehrlich gesagt, auch entsetzt. Aber ich habe mir die Auftritte dann genau angeschaut. Er sagt den AfDlern schon ziemlich deutlich seine Meinung, wird dafür ausgebuht und hat, wenn ich richtig informiert bin, auch nicht das vorher vereinbarte Honorar erhalten, weil man enttäuscht war von seinen Worten. Er war eben nicht der »Islamkritiker«, der selbst aus der »islamischen Welt« kommt und nun »den Muslimen« die Leviten liest. Fanden die AfDler halt doof, weil er ihre dämlichen Vorurteile nicht bestätigte.
Ich hoffe, Ihre Frage beantwortet zu haben. Oder kürzer: Ich teile zwar nicht alles, was Hamed Abdel-Samad schreibt und sagt, aber ich schätze ihn.
Viele Grüße,
Hasnain Kazim

Gerhard F. schreibt mir am 17. Mai 2017 um 11.15 Uhr:

Herr Kazim, (…) Sie sind kein Demokrat! Als Islamist hängen Sie einem mittelalterlichen Glauben mit steinzeitlichen Vorstellungen an!!! Man merkt das aus jeder Zeile, die Sie schreiben: Islam, Islam, Islam! Sie verachten Demokratie, Sie können nichts damit anfangen und haben auch kein Verständnis für demokratische Prozesse!

Meine Antwort am selben Tag um 13.20 Uhr:

Lieber Herr F.,
ich bin ein Islamist? Bin ich überhaupt Muslim? Wie kommen Sie auf all das?
Fragt Sie verwundert und mit freundlichen Grüßen
Hasnain Kazim

✉ Er antwortet mir am 18. Mai um 10 Uhr:

In Ihren Artikeln geht es ständig um die Türkei, um Irak, um Pakistan. Warum nie ein Artikel über Frankreich oder USA? Sie schreiben nur über Islam und islamistische Gesellschaften! Und warum? Weil Sie selbst einer sind und dieser steinzeitlichen Ideologie anhängen, anders lässt sich das nicht erklären! Sind Sie ein Demokrat oder nicht?

✉ Ich schreibe ihm am selben Tag um 12.30 Uhr:

Lieber Herr F.,
also, die Sache mit meinen Artikeln aus den von Ihnen genannten Ländern kann ich Ihnen erklären: Ich war von 2009 bis 2013 Korrespondent in Pakistan, mit Sitz in Islamabad. Von 2013 bis 2016 habe ich in Istanbul, Türkei, gelebt. Ich reise gelegentlich in den Irak, auch nach Afghanistan, in den Iran und in andere Länder. Ja, die meisten sind islamisch. Das ist nun einmal mein Berichterstattungsgebiet.
Aber wissen Sie, wo ich jetzt lebe? In Wien. Ich schreibe gelegentlich auch über Österreich, stellen Sie sich das mal vor! Und wieso muss jemand »Islamist« sein, wenn er aus islamisch geprägten Ländern berichtet? Mehr noch: Wie kommen Sie darauf, mir vorzuwerfen, ich sei kein Demokrat?
Fragt Sie immer noch erstaunt und mit freundlichen Grüßen
Hasnain Kazim

Seine Antwort am selben Tag um 15.07 Uhr:

Sind Sie ein Verfechter der Demokratie oder nicht? Sie antworten nicht darauf.

Meine Antwort um 17 Uhr:

Wollen Sie eine kurze oder eine lange Antwort?

Er schreibt um 17.07 Uhr:

Eine EHRLICHE Antwort!

Ich schreibe ihm um 17.45 Uhr:

Gut. Selbstverständlich bin ich ein Demokrat. Ich bin für Wahlen, für Gewaltenteilung, für Rechtsstaatlichkeit, für Presse- und Meinungsfreiheit. Demokratie ist immer noch die beste aller Herrschaftsformen. Anders formuliert: Sie ist das geringste Übel. Denn natürlich ist auch die Demokratie nicht perfekt, nicht die vollendete Herrschaftsform, die es ja auch gar nicht gibt. Reicht Ihnen das als Antwort?

Seine Antwort um 19.07 Uhr:

Was soll das Übel an einer Demokratie sein?

✉ Meine Antwort um 19.54 Uhr:

Dass unter nicht perfekten Bedingungen – nämlich, dass alle Teilnehmer einer Demokratie gebildet und umfassend informiert sein, das Wohl aller im Sinn haben und nach der besten und edelsten Gesellschaft streben sollten – Populismus auf fruchtbaren Boden fällt. Dass dann manche Politiker, nämlich die Populisten, unsinnigen, oft radikalen Quatsch hinausblöken und dass dann die ganzen Volltrottel und Egoisten, die das auch noch toll finden, genauso eine Stimme haben wie all die Klugen, Selbstlosen, Rechtschaffenen, die nicht nur um ihr eigenes, sondern um das Wohl aller bemüht sind.

Es bedarf aber nicht einmal eines populistischen Politikers, um die Defizite einer Demokratie aufzuzeigen. Mal angenommen, ein Mensch, der dunkel ist und einen fremd klingenden Namen hat, tritt gegen einen weißen Menschen mit in Deutschland geläufigem Namen zu einer Wahl an. Also, zum Beispiel: Mohammed Adiba gegen Hans Müller. Und weiter angenommen, Mohammed und Hans sind beide gleichermaßen bekannt oder unbekannt und gehören ähnlich starken Parteien an. Wer, glauben Sie, wird gewählt werden? Ganz sicher Hans. Weil es immer Vorbehalte und Ressentiments gegenüber dem Fremden gibt, und weil Menschen sich immer lieber für das ihnen Vertraute, ihnen Ähnliche entscheiden. Das hat auch mit fehlender Bildung und fehlender Information zu tun. (Und ja, in anderen Ländern ist

es genauso, aber das macht es nicht besser.) Ich finde das problematisch, schon alleine deshalb, weil Menschen wie ich damit in einem Land wie Deutschland immer im Nachteil sind.
Aber ganz ehrlich: Ich habe keine Lösung für solche Probleme. Nur noch die Gebildeten wählen lassen? Schwierig. Stimmgewicht von Schulabschluss abhängig machen? Problematisch. Ganz abgesehen, dass es (rassistische) Ressentiments auch unter Gebildeten gibt. Nein, ich bin überzeugt, dass wir mit den Populisten leben, sie aber immer wieder stellen müssen. Zum Beispiel jene, die behaupten, »der Islam« sei per se gefährlich und schlecht.

✉ Er schreibt mir zwei Tage darauf, am 20. Mai 2017 um 10.10 Uhr:

Der Islam ist gefährlich!!! Sind Sie ein Islamist?

✉ Meine Antwort am selben Tag um 15.30 Uhr:

Ach, Herr F.! Nein, der Islam ist weder schlecht noch gut, genauso wenig wie die Sätze »Islam ist Frieden« oder »Islam ist Krieg« stimmen. Jede Religion ist das, was Menschen aus ihr machen. Ich teile Ihre Ansicht, dass es Leute gibt, die den Islam als Vorwand für ihre ganz eigene Agenda nutzen. Viele sogar. Da man Terror durchaus mit religiösen Argumenten untermauern kann und islamische

Extremisten das tun, bin ich übrigens auch nicht der Meinung, dass der Satz »Das hat mit Islam nichts zu tun« richtig ist. Natürlich hat der Terror mit dem Islam zu tun. So, wie in der westlichen Welt – und offensichtlich auch bei Ihnen – Vorurteile existieren (Oder der Unwille, sich unvoreingenommen mit der Sache zu beschäftigen? Oder intellektuelle Unfähigkeit?) und gleich »der Islam« gefährlich sein soll, so gibt es unter vielen Muslimen diesen Reflex, Terror mit dem Satz »Das hat mit Islam nichts zu tun« abzutun und sich nicht tiefergehend damit zu befassen, was aber dringend nötig wäre.
Zu Ihrer Frage: Ein Islamist ist, wer den politischen Islam befürwortet, also eine Durchdringung von Politik und Staat, ja von allen gesellschaftlichen Sphären durch den Islam betreibt. Das halte ich für höchst undemokratisch und gefährlich. Ich bin der Meinung, dass man Islamismus bekämpfen soll. Verstehen Sie?

✉ Ich schreibe ihm noch einmal am 27. Mai 2017 um 18.14 Uhr:

Hallo, Herr F.? Haben Sie meine Mail erhalten und verstanden?

Herr F. hat nie geantwortet.

Eine Internetnutzerin mit Namen Ulrike schreibt mir am 23. Juni 2017 um 14.45 Uhr:

Die Moslems sollten sich schämen! Schauen Sie sich die Flagge von Saudi-Arabien an: Darauf ist ein Säbel zu sehen! Ein islamisches Land und ein Säbel, das passt ja, denke ich mir. Das ist eine blutige Religion, wir haben es ja zur Genüge gesehen, wie diese Fanatiker anderen die Köpfe absäbeln! Warum schreiben Sie nie über diese blutrünstige Symbolik?

Ich antworte ihr am selben Tag um 17.13 Uhr:

Hallo Ulrike,

also, an Saudi-Arabien hätte ich einiges zu kritisieren. Der Islam in der dort vorherrschenden – wahhabitischen – Ausprägung ist meines Erachtens ein Problem. Aber der Säbel? Ja, finde ich jetzt auch nicht gerade toll, auf der Flagge. Aber es gibt wirklich Wichtigeres zu kritisieren.

Viele Grüße, HK

✉ Sie schreibt mir um 17.20 Uhr:

Symbole sind wichtig! Der Säbel symbolisiert den Islam! Als gläubige Christin bin ich ohnehin ein Feind dieser blutrünstigen Ideologie, denn nichts anderes ist der Islam! Ihre Anhänger würden den Säbel sofort gegen mich einsetzen!

✉ Ich schreibe ihr um 17.50 Uhr:

Ja, klar, der »Islamische Staat« und seine Terrorherrschaft sowie vergleichbare gewaltsame Strömungen sind natürlich verabscheuungswürdig. Das wurde und wird ja lang und breit kritisiert. Ihre Aufregung über Symbolik kann ich auch nachvollziehen, aber dann sind Sie als gläubige Christin natürlich auch entsetzt über das Kreuz, oder? Ihnen ist schon klar, dass Jesus Christus am Kreuz hingerichtet wurde? Und Ihre Religion macht ein Hinrichtungsinstrument auch noch zu ihrem Symbol? Auch seltsam, oder? Und dieses ständige Bekreuzen und dieser tote oder sterbende Jesus in jeder Kirche, vorne, ganz groß. Also, diese Symbolik ist auch ziemlich gewöhnungsbedürftig. Ich stelle fest, dass vor allem Kinder immer wieder verstört darauf reagieren. Stellen Sie sich vor, es hätte zu Zeiten Jesu Christi elektrischen Strom gegeben und er wäre auf dem elektrischen Stuhl gestorben. Was dann? Ein Stuhl über jedem Altar und auf jeder Kirchturmspitze? Und beim Betreten einer Kirche eine angedeutete Sitzbewegung?

✉ Sie schreibt um 18.06 Uhr:

Sie unterschätzen die Bedeutung von Symbolen! Das Kreuz ist das Symbol der Erlösung und der Befreiung der Menschen von den Sünden! Ganz abgesehen davon finde ich Ihre Bemerkungen zum Kreuz ziemlich geschmacklos! Das ist ja fast schon Blasphemie!

✉ Meine Antwort um 19 Uhr:

Sorry, ich wollte Ihnen nicht zu nahe treten. Sicherlich geschmacklos, keine Frage. Ich wollte Ihnen nur vor Augen führen, dass man Ihre Kritik an der Säbel-Symbolik auch ziemlich weit hergeholt finden kann. Natürlich kann man den Säbel kritisieren. Der Säbel in der saudischen Flagge soll übrigens Rechtschaffenheit und Gerechtigkeit symbolisieren, habe ich gerade gelesen. Ich finde eine Gerechtigkeit, die mit der Waffe durchgesetzt wird, auch ziemlich kritikwürdig. Und ja, Blasphemie … Das ist nicht »fast schon« Blasphemie, sondern es IST Blasphemie. Ich habe nichts gegen blasphemische Äußerungen. Sollte im Jahr 2017 nicht mehr der Rede wert sein. Wenn es einen Gott gibt, der sich beleidigt fühlt, wird er schon selbst für die gerechte Strafe sorgen. Und da hätte ich dann wieder Kritik an vielen Muslimen: Die sind nämlich ebenfalls immer schnell mit dem Blasphemievorwurf bei der Hand.
Viele Grüße, HK

Ulrike antwortet um 21.15 Uhr:

Sie scheinen mehr Zeit zu haben, als ich gedacht hatte. Und Sie sind sehr diskussionsfreudig. Auch wenn ich Ihre Meinung nicht teile. Aber mir wird das zu anstrengend mit Ihnen! Also einen schönen Abend noch!

»HermannTheGerman« schreibt mir am 18. September 2017 um 15.15 Uhr:

Ihr Moslems könnt nur eins: ficken, ficken, ficken!!!!!!!!!! Wie die Karnickel!!!!!!«

Meine Antwort am 18. September 2017 um 22 Uhr:

Hallo Hermann,
äh, »nur eins« ist vielleicht übertrieben, aber ja, natürlich gehört der Vollzug des Geschlechtsakts zu den vielen Dingen, die Muslime auch tun.
Mit freundlichen Grüßen,
Hasnain Kazim

Er schreibt mir am gleichen Tag um 23.18 Uhr:

Und wie erklärst du dir, dass Muslime SICH VERMEHREN WIE DIE KARNICKEL??? WEIL SIE NUR FICKEN, FICKEN, FICKEN!!!!!!!!!!!!!!

✉ Ich antworte ihm am 19. September 2017 um 10 Uhr:

Lieber Hermann,

noch einmal: Dass Muslime »nur« mit dem Geschlechtsakt beschäftigt sind, ist sachlich falsch. Ich kann, da ich viele Muslime in allen möglichen Ländern kenne und lange Zeit in überwiegend islamischen Ländern gelebt habe, unter Eid bezeugen, dass deine Aussage nicht stimmt. Du musst nur mal in ein Land fahren, in dem Muslime leben. Du wirst dort vor allem und in erster Linie Menschen sehen, die lachen, kochen, essen, sich lieben, sich streiten, eben ein normales Leben führen. Dass es gelegentlich auch sexuelle Aktivitäten gibt, ist anzunehmen.

Aber ja, es stimmt, die Geburtenrate in den meisten islamischen Ländern ist höher als beispielsweise in Deutschland. Ich vermute, es ist das, was du mit deiner Nachricht an mich meinst. In der Tat ist das für diese Länder ein Problem. Ein Beispiel: Pakistan hatte bei seiner Staatsgründung 1947 etwa 27 Millionen Einwohner. Jetzt, 2017, gab es wieder eine Volkszählung. Rate mal, wie viele Menschen jetzt in dem Land leben! Es sind, und das ist eine konservative Schätzung, 208 Millionen. 208 Millionen! Das bedeutet eine Verdoppelung alle 25 Jahre. Es dauert nicht mehr allzu lange, dann hat Pakistan 400 Millionen Menschen. Es wird das viertgrößte Land der Welt sein, gemessen an der Bevölkerung. Und noch in diesem Jahrhundert wird es, wenn es so weitergeht, die Eine-Milliarde-Grenze überschreiten.

Kannst du dir das vorstellen? Dabei reicht vieles für die jetzige Bevölkerung schon nicht aus. Trinkwasser ist knapp, Strom, Gas, Benzin. Wie wird es mit Lebensmitteln und Wohnraum aussehen? Was bedeutet das für die Sicherheit des Landes? Und für die Migration?

Ich war gerade in Pakistan, um darüber zu recherchieren, daher weiß ich, wovon ich rede. Das Schlimme ist, dass viele Menschen die Probleme nicht sehen – und jede vorsichtige Kritik, jeden Hinweis, man müsse mehr sexuelle Aufklärung leisten und Verhütungsmittel zur Verfügung stellen, als Angriff auf die islamische Gesellschaft ansehen. Der Westen, glauben sie, wolle nicht, dass der Islam stark werde. Dabei hat die Kritik damit nichts zu tun. Insofern ist »ficken, ficken, ficken« tatsächlich ein Problem.

Ich hoffe, du machst dir künftig auch mal Gedanken, wie man die Herausforderungen für unsere Welt lösen kann, anstatt nur anonym im Netz herumzupöbeln. Ich habe Hoffnung, dass du das kannst. Sonst hätte ich dir jetzt nicht so ausführlich geschrieben.

Viele Grüße,

Hasnain Kazim

✉ Seine Antwort am 19. September 2017 um 22.01 Uhr:

ALLE ERSCHIESSEN!!!!!!!!!!!!!!!!!!

Meine Antwort am 20. September 2017 um 9 Uhr:

Dafür, dass du dumm bist, kannst du nichts. Aber dafür, dass du Hass verbreitest und nicht bereit bist, dir Argumente anzuhören oder selbst welche vorzubringen, dafür bist du verantwortlich. Es macht keinen Sinn, mit dir weiter zu diskutieren. Also tschüss!

Ich habe »HermannTheGerman« blockiert und weiß daher nicht, ob er weiterhin versucht hat, mir zu schreiben.

Am Montag, 11. Dezember 2017, verbreitet sich die Nachricht, dass Saudi-Arabien ein seit Jahrzehnten geltendes Kinoverbot aufgehoben hat. Kommerzielle Kinos sollen demnach ab Anfang 2018 öffnen dürfen, teilt das Kultur- und Informationsministerium mit. Lizenzen sollen ab sofort ausgestellt werden. Die Entscheidung, heißt es in den Meldungen, sei Teil eines großen Reformpakets. Der junge Kronprinz Mohammed bin Salman wolle Wirtschaft und Gesellschaft Saudi-Arabiens umfassend modernisieren.

Ich hatte mit der Meldung aus Saudi-Arabien nichts zu tun. Auch kommentierte ich sie nicht in den sozialen Medien. Dennoch schreibt mir Heiko S. an jenem Tag:

> Da siehst du, wie rückständig und primitiv diese islamischen Völker sind! Was sagst du dazu? Bestimmt sagst du: Wie toll, was für ein Fortschritt! Stehst ja auch sonst immer auf der Seite der Musel! Warum kritisierst du nicht diese Rückständigkeit? Nicht mal

Kino ist denen in Saudi-Arabien bislang erlaubt! Die AfD hat recht: kein Platz in Deutschland für Musel! Der Islam gehört nicht zu Deutschland!

Meine Antwort am selben Tag:

Hallo Herr S.,
danke für Ihre Zuschrift und für Ihr Interesse an meiner Arbeit! Und danke, dass Sie sich für meine Meinung zu dem Thema interessieren, auch wenn ich damit nicht befasst bin.
Also: Die Rückständigkeit, die Sie ansprechen, kritisiere ich regelmäßig. In Pakistan beispielsweise, wo es noch in den Siebzigerjahren eine prächtige Kinoszene gab, ist die Zahl der Lichtspielhäuser, wie man Kinos so schön nennt, rapide gesunken. Sie wurden zu Zielen von Extremisten, überall im Land haben Taliban sie angezündet oder in die Luft gesprengt. Es gibt zwar noch Kinos, aber nur wenige, und es sind potenzielle Angriffsziele von Terroristen.
Nahezu überall in der islamischen Welt werden Filme zensiert, werden Teile des Bildes unkenntlich gemacht, ganze Szenen herausgeschnitten oder gleich der gesamte Film verboten. Ich habe das schon immer kritisiert und werde das auch künftig tun.
Saudi-Arabien ist in vielerlei Hinsicht ein Extrem – auch was das Kinoverbot angeht. Klar kann man das Thema nun zynisch und böse kommentieren, gelegentlich tue ich das auch. Aber ganz ehrlich: Was

wünsche ich mir für die Menschen in Saudi-Arabien? Ich möchte, dass es ihnen besser geht, dass auch sie Freiheiten genießen können, dass sie Zugang zu Kunst und Kultur bekommen, die nicht zwangsläufig in einen staatlich vorgegebenen Rahmen passen. Ich bin mir sicher, dass auch Sie das so sehen.

So betrachtet, ist das, was die Regierung in Riad nun plant, schon ein Fortschritt. Klar, auf einem sehr niedrigen Niveau. Und natürlich wird es auch dort Zensur geben. Längst nicht alle Filme werden dort gezeigt werden dürfen. Aber es ist immerhin ein Schritt in die richtige Richtung. Neben aller Kritik sollten wir, finde ich, diejenigen, die diesen Schritt gehen, durch Anerkennung ermutigen, weitere Schritte zu tun.

Wie gesagt, Kritik finde ich richtig und notwendig, und ich bin nun wahrlich niemand, der damit spart. Aber NUR Kritik, NUR Zynismus bringt nicht nur nichts, das ist auch so eine Von-oben-herab-Haltung, die letztlich zur Verhärtung der Fronten führt. Wenn schon mal etwas endlich in die Richtung geht, sollte man doch die Chance nutzen, das Gute, Richtige voranzutreiben.

Ich hoffe, damit Ihre Fragen beantwortet zu haben.

Mit freundlichen Grüßen,

Hasnain Kazim

Er schreibt mir am 13. Dezember 2017:

Hallo Herr Kazim,
vielen Dank für Ihre E-Mail. Mit einer Antwort habe ich nicht gerechnet. Ich stimme der AfD trotzdem zu, dass Radikalislamismus in Deutschland keinen Platz haben darf!

Ich antworte ihm am selben Tag:

Hallo Herr S.,
keine der im Bundestag vertretenen Parteien fordert, dass Radikalislamismus in Deutschland einen Platz haben dürfe. Da brauchen Sie also nicht auf die AfD zu setzen, und nur weil die mit diesem Thema lautstark hausieren geht, heißt das nicht, dass sie am meisten dagegen tut – im Gegenteil, die Art, wie die AfD Politik macht, stärkt nur den Zusammenhalt der islamischen Extremisten.
Rechtsextreme und islamische Extreme sind übrigens, was ihre Verhaltensmuster, ihre Weltbilder, ihre Sprache, ihre Vorgehensweisen angeht, Geschwister im Geiste. Leute, die vor lauter Wut nicht wissen, wohin mit ihren Emotionen, und das dann in idiotische politische Forderungen gießen und sinnlos Internetforen und Leserbriefseiten vollschreiben.
Gestatten Sie mir eine Frage: Sie sind schon ein Anhänger der Demokratie, oder?
Herzliche Grüße,
Hasnain Kazim

✉ Er antwortet mir am 14. Dezember 2017:

Selbstverständlich bin ich für direkte Demokratie! Undemokratisch sind nur die Altpolitiker, die Politik über die Köpfe der Bevölkerung hinweg machen!

✉ Meine Antwort am 15. Dezember 2017:

Hallo Herr S.,

prima, das heißt also, dass Sie wollen, dass das Volk bestimmt. Warum akzeptieren Sie dann nicht, dass Menschen anderswo anders leben wollen? Dass Sie, Herr S., nicht das Maß aller Dinge sind?

Saudi-Arabien ist gewiss keine Demokratie, sondern ein repressives System. Und ich bin überzeugt, dass viele Menschen dort sich viele Dinge anders wünschen, als sie heute sind. Darin können wir sie nur unterstützen. Aber in vielen Fragen würden die Menschen dort sicherlich mehrheitlich anders entscheiden als zum Beispiel wir in Deutschland. Sie finden ganz andere Dinge gut und wichtig als Sie oder ich.

Mich stört, dass aus Ihrer ersten Mail Verachtung für eine gesamte Religion spricht. Sie nennen »die islamischen Völker« pauschal »rückständig« und »primitiv«. Mag sein, dass das so ist. Aber Sie sind doch dafür, dass die Menschen selbst über ihr Leben bestimmen dürfen. Glauben Sie, dass dort alles gegen den Willen der Menschen geschieht? Manches ja, vieles nicht.

Klar läuft sehr viel schief in der islamischen Welt. Wenn wir etwas verändern wollen, bedarf es einer Balance: einerseits scharf, gezielt und schlagkräftig zu kritisieren, wo es etwas zu kritisieren gibt, andererseits zu erkennen, dass unsere Lebensweise, unsere Sicht der Dinge, unsere Überzeugungen keinen Anspruch auf Allgemeingültigkeit haben. Und auch hier müssen wir differenzieren: Selbstverständlich gibt es Dinge, die sehr wohl universell gelten. Die Menschenrechte zum Beispiel. Wenn es aus islamischen Ländern heißt, das sei ein »westliches Konzept«, müssen wir natürlich vehement widersprechen. Gleichzeitig haben wir kein Recht, anderen Menschen vorzuschreiben, wie sie ihr Leben zu gestalten haben. Wir müssen präzise beobachten und präzise kritisieren. Und wenn man zynisch kritisieren, zuspitzen, polemisieren will, dann sollte man sich mit der Materie wenigstens so gut auskennen, dass man bei Nachfrage genau erklären kann, wie man es meint und wie die Sache zu bewerten ist. Andernfalls ist es nur dummes Geschwätz.
Die Welt ist kompliziert, Herr S. Deshalb bringen uns einfache Lösungen oft nicht weiter.
Viele Grüße,
Hasnain Kazim

Er antwortet am 16. Dezember 2017:

Hm, denke drüber nach. Danke für Ihre Antwort. Sprache ist Ihr Beruf. Ich will mich mit Ihnen nicht anlegen. Kann ich nur verlieren. Ich finde trotzdem, die Meinung der Menschen muss berücksichtigt werden! Politik darf nicht über die Köpfe der Menschen hinweg gemacht werden, wie das heute der Fall ist!

Aus zeitlichen Gründen habe ich diesen Dialog dann nicht mehr fortführen können, hoffe aber, bei Herrn S. etwas bewirkt zu haben.

Die AfD …

Was für eine »Alternative für Deutschland« soll die AfD bitte sein? Erst gegen den Euro, dann gegen gebührenfinanzierte öffentlich-rechtliche Medien, scheint sie schließlich ihr Lebensthema in der Hetze gegen Migration, Flüchtlinge und den Islam gefunden zu haben.

Weil einige Mitbürger, Medien und Politiker kritikwürdiges Verhalten von manchen Zuwanderern und Flüchtlingen unter den Teppich kehrten, um bloß keine rassistischen Vorurteile zu schüren, sah die AfD sich in ihrem Verdacht bestätigt, die Meinungsfreiheit in Deutschland sei eingeschränkt. Unter dem Vorwand, die Freiheitsrechte zu verteidigen, bereitete sie einer gewaltsamen Sprache den Boden. Die Mitglieder und die Anhänger der AfD überschreiten mit ihren Äußerungen immer wieder die Grenze des Anständigen und auch des Gesetzlichen. Und immer wieder geben ihre Politiker Einblicke in ihr rassistisches, fremdenfeindliches, teils neonazistisches Weltbild.

Trotz – oder, schlimmer noch, wegen? – dieses Weltbildes wird die AfD von vielen Menschen gewählt. Und noch mehr Menschen diskutieren ernsthaft darüber, wie mit so einer Partei umzugehen sei. Offensichtlich fällt es, weil der Opa, der Vater, die Tante, die Freundin sich für die AfD begeistern, vielen schwer zu sagen: Rassismus und Fremdenfeindlichkeit haben in unserer Gesellschaft keinen Platz!

Selbstverständlich ist Kritik an den alteingesessenen Parteien erlaubt. Und natürlich darf man Einwanderungspolitik, Integrationspolitik (gab es die je in Deutschland?) oder Flüchtlingspolitik kritisieren. Man darf auch den Islam nicht mögen. Und gegen eine harte politische Auseinandersetzung ist ebenfalls nichts zu sagen. Aber der erste Satz des Artikels 1 unseres Grundgesetzes sollte dabei immer gewahrt bleiben: »Die Würde des Menschen ist unantastbar.«

Viele AfD-Politiker treten die Menschenwürde jedoch mit Füßen. Ich bin der festen Überzeugung, dass wir nicht so tun dürfen, als handele es sich bei der AfD um eine »normale« Partei. Selbst wenn viele Menschen sie wählen. Denn, noch einmal: »Die Würde des Menschen ist unantastbar.« Egal, wie viele Wählerinnen und Wähler das anders sehen.

Die Dialoge, die ich mit Briefeschreibern zu diesem Themenkomplex führe, verstehe ich deshalb oft als Beitrag zur politischen Bildung. Ich glaube fest daran, dass sich durch die Vermittlung von Wissen auch manche Meinung verändern lässt.

Im Juni 2016 griff der AfD-Politiker Alexander Gauland bei einer Rede im brandenburgischen Elsterwerda mal wieder die Bundesregierung wegen ihrer Flüchtlingspolitik an. Er sagte den Satz: »Heute sind wir tolerant und morgen fremd im eigenen Land.« Diese Parole wurde laut bayerischem Verfassungsschutz in der Vergangenheit von der rechtsradikalen NPD benutzt und gehört zu »typischen Redemustern der rechtsextremen Szene«. Bei dem Satz handelt es sich um einen Teil des Refrains aus dem Lied »Tolerant und geisteskrank« der Neonazi-Band »Gigi & Die Braunen Stadtmusikanten«. Der Song findet sich auf ihrem 2010 erschienenen Album »Adolf Hitler lebt!«.

Ich weiß nicht, ob Gauland all das wusste, aber ich kritisierte öffentlich, dass er diesen Satz benutzte. Ich schrieb auf Twitter: »AfD-Vize Gauland sagt: ›Heute sind wir tolerant, morgen fremd im eigenen Land.‹ Meine Antwort: Gewöhn dich dran, Alter!« Daraufhin wurde ich massiv von Rechtsextremen angegriffen, die mir rieten, ich sollte doch aus Deutschland verschwinden, Leute wie ich hätten in Deutschland nichts verloren. Einem davon schrieb ich öffentlich per Tweet: »Gewöhn dich dran: Wir sind hier, werden immer mehr und beanspruchen Deutschland für uns. Ob du willst oder nicht.«

Ich kopierte damit die Art der Rechtspopulisten: Dinge zugespitzt und doppeldeutig zu formulieren und darauf zu setzen, dass es falsch verstanden wird, um anschließend zu sagen: »Ihr versteht es absichtlich falsch«, und sich als Opfer präsentieren zu können. Ich ahnte, dass das funktionieren würde. Aber in welchem Ausmaß, damit hatte ich nicht gerechnet. Der Erfolg war erschreckend. Rechtspopulisten, Neonazis, aber auch ernsthaft besorgte Leute griffen meine Äußerungen auf und sahen da einen »Islamisten« am Werk, der Deutschland erobern und beherrschen wollte. Rechte Zeitungen und Webseiten warnten vor der Gefahr, die von mir ausging. Hier ein Beispiel für einen der vielen Dialoge, die ich in dieser Zeit führte.

Manfred G. schnitt aus der »Preußischen Allgemeinen Zeitung« folgende Meldung aus:

»Der indisch-pakistanisch-stämmige ›Spiegel‹-Journalist Haznain Kazim (sic) schrieb auf ›Twitter‹ (5. Juni) an die AfD: ›Gewöhn dich dran: Wir sind hier, werden immer mehr und beanspruchen Deutschland für uns. Ob du willst oder nicht.‹«

✉ Diese Meldung schickte Manfred G. an SPIEGEL ONLINE nach Hamburg, zusammen mit diesem Brief vom 10. Juni 2016:

Sehr geehrte Damen und Herren,
wenn Sie bitte dieses Schreiben an Ihren Mitarbeiter Kazim weiterleiten würden. Ich möchte von K. gerne wissen: Ist die Mitteilung richtig veröffentlicht? Meint K. damit, dass Ausländer in Zukunft die Herrschaft in Deutschland übernehmen möchten?
Mit freundlichen Grüßen,
Manfred G.

✉ Ich antwortete ihm, da ich den Brief mit Verzögerung erhielt, erst am 30. Juni 2016:

Sehr geehrter Herr G.,
haben Sie vielen Dank für Ihren Brief und für Ihr Interesse an meiner Arbeit! Gerne antworte ich auf Ihre Fragen. Zu der ersten, ob das Statement von mir sei: Ja, das ist meine Antwort auf einen AfD-Vertreter, der mir auf Twitter sinngemäß riet, doch wieder dorthin zu gehen, wo ich herkomme. Nun, das ist Hollern-Twielenfleth im Alten Land, vor den Toren Hamburgs. Was ich da seiner Meinung nach tun soll, verriet er mir aber nicht.
Meine Antwort ist die – zugegebenermaßen hart formulierte – Aussage, dass man sich endlich daran gewöhnen soll, dass Deutschland bunter wird und dass Menschen mit Wurzeln in allen möglichen Tei-

len der Welt, mit unterschiedlichen Überzeugungen, Ansichten und Neigungen zu Deutschland gehören und sich als Deutsche verstehen.

Zu Ihrer zweiten Frage: Ich glaube nicht, dass »Ausländer« künftig die »Herrschaft« in Deutschland anstreben. Menschen wie ich – und damit meine ich Menschen, die den Vorstellungen der AfD vom Deutschen nicht entsprechen – beanspruchen aber wie alle Deutschen mitzugestalten, mitzubestimmen und am gesellschaftlichen Leben teilzuhaben. Das sollte eine Selbstverständlichkeit sein, scheint aber von vielen nicht akzeptiert zu werden. Manche, hört man, wollen sogar einen Menschen nicht zum Nachbarn haben, nur weil er eine dunklere Hautfarbe oder einen fremd klingenden Namen hat. Unvorstellbar, oder? Aber leider Realität.

Einige AfD- und Pegida-Leute werfen mir nun vor, ich würde Deutschland »islamisieren«, »erobern« und »Deutsche verdrängen« wollen. Sie hätten nur nachlesen müssen (Google hätte in diesem Falle genügt), um herauszufinden, dass ich radikalen Ideologien aller Art sehr kritisch gegenüberstehe. Aber diese Leute sind für Argumente unzugänglich und lassen sich von ihren Aggressionen treiben. Ein konstruktives Miteinander lehnen sie ab. Die emotionsgetriebene Haltung behindert zudem die echte Lösung von Problemen, die Differenzierung erfordert. Zu Differenzierung aber sind diese Leute nicht in der Lage oder nicht willens. Stattdessen flüchten sie sich

in Parolen, Hass, Fremdenfeindlichkeit und Rassismus und rechtfertigen das mit ihren »Ängsten«. Ich halte das für dumm und primitiv.
Ich hoffe, Ihre Fragen beantwortet zu haben!
Mit freundlichen Grüßen,
Hasnain Kazim

Leider hat mir Herr G. nie geantwortet.

Ronny J. aus einem Dorf in Sachsen schreibt mir am 30. September 2017:

Hey Kazim, du Schmarotzer! Warum kapierst du nicht, dass viele, viele Menschen die AfD wollen? Sie hat 13 Prozent bekommen, obwohl du gegen sie geschrieben hast!!!!!!! Das heißt, in Wahrheit finden noch viel mehr Menschen sie gut! Irgendwann wird sie regieren!!!!!!!!!!!!

Ich antworte ihm am 1. Oktober 2017:

Hallo Rumpelstilzchen,
erst einmal vielen Dank für die Kraft, die du meinen Worten zutraust. Dass also allein wegen meiner Arbeit deiner Ansicht nach sehr viele Leute die AfD nicht gewählt haben. Ich glaube, du überschätzt meine Rolle, aber egal.
Denn ja, selbst 13 Prozent finde ich beschämend viel für eine Partei, die offen fremdenfeindlich Wahlkampf gemacht und mit rassistischen Ressentiments gespielt hat. In Sachsen, deinem Bundesland, kam

die AfD sogar auf den ersten Platz! Jeder Dritte dort hat diese Partei gewählt. Wenn die AfD also irgendwann irgendwo regieren wird, dann da. Weißt du, was ich das nächste Mal, wenn ich in Sachsen bin und mir dort Leute auf der Straße oder auf dem Marktplatz begegnen, denken werde? Eins, zwei, AfD, eins, zwei, AfD, eins, zwei, AfD. Das ist ziemlich bitter.
Viele Grüße,
H. K.

✉ Er schreibt mir am selben Tag:

Die Mehrheit bestimmt!!!!!!!!!!!!! Wir wollen Volksabstimmungen!!!!!!!! Und dann Ausländer wie Kazim raus!!!!!!!

✉ Ich antworte ihm am 2. Oktober 2017

Hallo Rumpelstilzchen,
ich bin froh, dass du verstanden hast, dass Demokratie die beste aller Herrschaftsformen ist! Das ist schon mal ein guter Schritt. Leider kann ich dir nicht ersparen, dass es nun ein wenig komplizierter wird, aber ich denke, das kriegst du in deinen Kopf.
Also: Aus gutem Grund gibt es die repräsentative Demokratie. Gewählte Repräsentanten treffen, beraten von Fachleuten und in Abwägung unterschiedlicher Interessen, eine politische Entscheidung. Das ist gewiss kein perfektes Modell, es passieren Fehler,

manchmal lassen die Entscheider nur ihre eigenen Interessen oder die mächtiger Gruppen gelten, lassen sich beeinflussen, gelegentlich sogar bestechen, und oft empfinden wir Entscheidungen als falsch oder ungerecht oder beides.

Volksabstimmungen sind bei den meisten politischen Themen aber keine gute Lösung. Früher mag es auch organisatorisch schwierig gewesen sein, Volksabstimmungen zu organisieren. Heute mag das durch das Internet leichter sein.

Aber weißt du, Menschen sind manipulierbar. Talentierte Populisten können den Menschen alles Mögliche weismachen. Weißt du, dass die Mehrheit der Menschen mal dachte, dass die Erde eine Scheibe sei? Es wurden sogar Menschen umgebracht, die es wagten, das anders zu sehen. Wenn das so ist, ist es leicht, den Menschen alle möglichen Dinge als die bessere Alternative darzustellen. Die meisten Menschen haben nicht die Möglichkeiten, das zu durchschauen. Sie sind manipulierbar. Man kann, wenn man geschickt ist, die Menschen mehrheitlich für alles begeistern. Für Krieg. Für die Todesstrafe. Dafür, dass Menschen einer bestimmen Religion oder Hautfarbe oder bestimmte Berufsgruppen vernichtet werden müssen.

Volksabstimmungen bergen die Gefahr, dass maximal komplizierte Probleme maximal einfach beantwortet werden. Aber auf die meisten politischen Fragen kann man nicht schlicht mit Ja oder Nein

antworten. Demokratie verlangt Debatte, Streit, ein Ringen um die Sache, aber schließlich auch Kompromiss, das Austarieren von Interessen, die Berücksichtigung von Minderheiten und deren Meinungen/Überzeugungen.
Und dann gibt es Dinge, die nicht verhandelbar sind. Dass die Menschenwürde unantastbar ist, zum Beispiel. Selbst wenn 99 Prozent für Folter oder Todesstrafe sind, ist mir das egal – so etwas hat in unserer Welt im Jahr 2017 nichts verloren.
Nur weil eine Mehrheit etwas will, soll das richtig sein? Du argumentierst wie der türkische Präsident Recep Tayyip Erdoğan. Der sagt auch ständig, er sei von einer Mehrheit gewählt worden, daher habe er immer recht, und jeder, der ihn kritisiere, sei ein Feind der Demokratie. Erdoğan ist dein Vorbild, gell, Rumpelstilzchen? Ha, das ist ja auch eine Erkenntnis aus unserem Dialog: Du bist ein Erdoğan-Fan!
Viele Grüße und güle güle,
H. K.
PS: »Ausländer wie Kazim raus!« – vergiss es. Ich bleibe. Da kannst du noch so viel im Dreieck springen.

Ronny J. hat nicht mehr geantwortet.

✉ Karin K. schreibt mir am 13. Oktober 2017:

Was mir nicht klar ist, wieso Sie die AfD als Nazis diffamieren und pauschal verdammen. Warum lesen Sie sich nicht deren Programm? Warum sehen Sie nicht die guten Ansätze für Veränderung, die Deutschland unbedingt braucht?

✉ Meine Antwort am selben Tag:

Liebe Frau K.,
seien Sie versichert, dass ich das Programm der AfD gelesen habe und mir auch sonst genau anhöre, was deren Politiker zu sagen haben. Das Problem ist: Es gibt ziemlich furchtbare, menschenverachtende, rassistische Aussagen von ihnen. Das macht alles andere zunichte. Zu sagen, man müsse doch auch die guten Seiten der AfD sehen, ähnelt dem Argument, Hitler habe doch auch vernünftige Dinge getan, zum Beispiel Autobahnen bauen lassen.
Viele Grüße,
Hasnain Kazim

✉ Sie schreibt mir am 15. Oktober 2017:

Wollen Sie die AfD mit Hitler vergleichen? Sie diffamieren schon wieder!

✉ Meine Antwort am selben Tag:

Liebe Frau K.,

nein, ich vergleiche nicht die AfD mit Hitler. Ich sage, zu behaupten, AfD-Politiker sagten ja auch vernünftige Dinge (neben all dem rassistischen, fremdenfeindlichen, undifferenzierten Müll), ähnele der Aussage, auch Hitler habe Vernünftiges getan. Es gibt Dinge, die jemand sagt oder tut, die stellen diesen Menschen ins Abseits, egal, was er sonst noch Gutes, Vernünftiges tut.

Wenn Sie dieser Vergleich stört, habe ich einen anderen Vergleich für Sie: Stellen Sie sich vor, Sie haben ein wunderschönes Kleid an. Edelster Stoff, Edelsteinbesatz, was weiß ich. Nun laufen Sie durch einen Hundehaufen, am Saum bleibt davon etwas kleben. Was ist das Ergebnis? Sie müssen das Kleid in die Reinigung geben. Sie sagen nicht: »Ist doch egal, der Stoff glänzt so schön, die Diamanten funkeln, das muss man doch auch sehen!« Die Scheiße unten macht das ganze Kleid unbrauchbar, und solange sie das nicht abwaschen, reinigen, sich davon befreien, bleibt das so.

So ist das auch mit der AfD: Die Scheiße klebt noch an vielen Stellen. Ich weiß, das klingt unappetitlich.

Aber das, was AfD-Politiker in vielen Bereichen sagen, ist es leider auch. Aber dieser Vergleich bedeutet auch: In bestimmten Fällen ist eine Reinigung eben noch möglich. Übertragen auf die AfD: Sie müsste sich ausdrücklich trennen von bestimmten Aussagen und auch von bestimmten Leuten. Solange sie das nicht tut, bleibt das Kleid eben schmutzig.
Viele Grüße,
Hasnain Kazim

✉ Karin K. schreibt am 16. Oktober 2017:

Ich habe trotzdem AfD gewählt und werde es auch weiterhin tun. Trotz Ihrer unmöglichen Vergleiche.

✉ Meine Antwort am selben Tag:

Liebe Frau K.,
das bleibt Ihnen ja unbenommen, das ist Ihr gutes Recht. Sie dürfen natürlich auch jederzeit und immer Ihr Kleid mit der Hundescheiße am Saum tragen. Aber Sie müssen dann eben aushalten, dass Leute Ihnen sagen: »Oh, Sie haben da was am Kleid« oder »Huch, Ihr Kleid riecht aber streng«.
Viele Grüße,
Hasnain Kazim

Karin K. hat mir daraufhin nicht mehr geantwortet.

Am 24. September 2017 wurde die rechtspopulistische bis rechtsextreme AfD in den Bundestag gewählt. Noch am Wahltag, als noch nicht feststand, aber absehbar bar, dass die AfD ins Parlament einziehen würde, bekam ich auftrumpfende E-Mails. Den Wahlerfolg der AfD kommentierte ich am Tag nach der Wahl auf SPIEGEL ONLINE folgendermaßen:

Ich bin das Volk!
Ein Kommentar von Hasnain Kazim

Nur knapp 13 Prozent haben die AfD gewählt – also alles nicht so schlimm? Von wegen. Für Menschen mit Migrationshintergrund wird es übel. Dagegen müssen wir uns wehren.

In Sachsen ist die AfD jetzt stärkste Kraft, in Ostdeutschland auf dem zweiten Platz, bundesweit Nummer drei. Die allermeisten, das belegen Umfragen, haben sie nicht in der Hoffnung gewählt, dass diese Partei die Wirtschaft stärkt, sich für bessere Bildung einsetzt, soziale Ungerechtigkeiten bekämpft, überhaupt irgendetwas Konstruktives für Deutschland und die Gesellschaft leistet – sondern weil sie Angst vor »Überfremdung« schürt und gegen jeden und alles hetzt, was irgendwie fremd ist.

Wer die AfD gewählt hat, ist also in erster Linie nicht um bezahlbare Wohnungen, um gute medizinische Versorgung oder um eine solide Alterssicherung besorgt, sondern er will nicht, dass Menschen wie ich in Deutschland leben. Nur weil wir eine dunklere Hautfarbe haben. Wie sonst kann man die Aussage mehrerer AfD-Politiker verstehen, sie würden »kaum noch Deutsche auf der Straße sehen«? Zuletzt sagte das AfD-Chef Jörg Meuthen in der »Berliner Runde« am Wahlabend, woraufhin Bundeskanzlerin Angela Merkel die einzig richtige Antwort parat hatte: »Ich kann auf der Straße nicht erkennen, wer einen deutschen Pass hat und wer nicht.«

Man muss diesen Menschen ganz deutlich sagen, dass Rassismus und Fremdenfeindlichkeit niemals die Antwort auf ihre »Sorgen und Nöte« sein werden. Bitter genug, dass so manche Partei im Wahlkampf auf den Zug aufgesprungen ist und Flucht und Migration nur als »Problem« thematisiert hat. In Zukunft dürfte es noch schlimmer werden. Es steht zu befürchten, dass die CSU jetzt fordern wird, man müsse wieder nach rechts rücken, um die Wähler, die man an die AfD verloren habe, zurückzugewinnen. Man wird, einmal wieder, die eigenen christlichen Werte und das Bekenntnis zu einer pluralistischen, weltoffenen Gesellschaft vergessen und in rechte Polterei verfallen. Schon tönt CSU-Chef Horst Seehofer, man müsse »national orientierten Menschen« eine Heimat bieten.

Die Begleitmusik des rechten Aufstiegs bekomme ich seit einiger Zeit zu spüren. Wie oft habe ich in den zurückliegenden Monaten gehört, dass Menschen wie ich gefälligst dankbar zu sein und still unsere Arbeit zu verrichten hätten, damit wir dem Staat nicht auf der Tasche liegen, aber bitte keinem »richtigen Deutschen« die Arbeit wegnehmen sollten, denn das wäre ja wohl noch schöner? »Warum bist du Kanake Journalist für ein deutsches Medium? Warum darf so einer wie du das deutsche Volk belehren?«, schrieb mir einer vor ein paar Tagen. Ansonsten sollte ich »die Fresse halten« oder mich »verpissen, da wo du herkommst«, wie mir am Wahlsonntag ein AfD-Anhänger schrieb. Noch am Sonntagnachmittag ließ mich ein anderer AfD-Fan wissen: »Ab heute gibt es für Leute wie dich nur noch einen Platz in Deutschland: AM GALGEN!!!!«

Seit Sonntagabend, nach Bekanntwerden des Wahlerfolgs, gibt es kein Halten mehr. Mit »Ausländer raus!«- und »Ab heute weht ein anderer Wind, Drecksmusel!«-Ausrufen verschaffen diese Leute sich Luft. Die Anzahl derer, die glauben, dass dieses Drohen und Pöbeln im Schutze der Anonymität eine angemessene Form der Auseinandersetzung ist, hat schon in den vergangenen Jahren ein beängstigendes Ausmaß angenommen. Wahrscheinlich nimmt das jetzt, nach diesem Wahlergebnis, noch zu.

Das alles schmerzt, denn obwohl die Mehrheitsgesellschaft diesen Rechtsruck durchaus mit Sorge sieht, fühlt man sich von ihr oft im Stich gelassen. Sie bekommt nicht mit, mit welchem Hass wir konfrontiert sind. Äußert man das, ist man wahlweise »weinerlich«, stilisiert sich zum »Opfer« oder will nur Aufmerksamkeit. Strafanzeigen laufen fast immer ins Leere. Manche rufen zu Gelassenheit auf, aber das ist leicht gesagt, wenn man nicht betroffen ist.

Doch wir dürfen diese Drohungen nicht akzeptieren. Wer hasserfüllt redet und schreibt, der bereitet der physischen Gewalt den Weg. Und wer glaubt, dass wir das hinnehmen, uns unsichtbar machen, gar Deutschland den Rücken kehren, der täuscht sich gewaltig.

Ich werde für mein schönes, freies, tolerantes, liberales Deutschland streiten. Ich werde nicht schweigen. Ich bin 87 Prozent. Ich bin das Volk.

Auf diesen Kommentar erhielt ich mehr als tausend Zuschriften, sehr viele zustimmende, ermutigende, aufmunternde E-Mails, aber auch viele Beschimpfungen. Ich las die vielen Nachrichten, antwortete aber aufgrund der großen Menge niemandem.

Der Osten …

Ich weiß nicht genau, wie viele Zuschriften ich aus Ostdeutschland erhalte. Themen rund um den Osten sind aber häufig Gegenstand der E-Mails, die ich erhalte. Das hat sicherlich damit zu tun, dass ich regelmäßig den Rechtsextremismus in Ostdeutschland kommentiere.

Der Osten und der Westen sind in meiner Wahrnehmung immer noch zwei in weiten Teilen unterschiedliche Kulturräume. Was denken die Menschen, wie ist ihre Haltung zu Staat, Regierung, Religion? Wie sprechen die Leute? Was essen sie? Welche Medien konsumieren sie? Wie ist ihr Freizeitverhalten, wie ihr Paarungsverhalten? Wie gehen sie mit Fremden um? Sind sie offen oder verschlossen? Ich glaube, in allem gibt es in Deutschland große Unterschiede zwischen Ost und West, größer als zwischen Nord und Süd. Das meine ich nicht als Kritik, sondern als Feststellung. Ist ja auch kein Wunder, bei der unterschiedlichen Geschichte der beiden Landesteile.

Als jemand, der im Westen geboren und aufgewachsen ist, aber »Migrationshintergrund« hat, mache ich meine ganz eigenen Erfahrungen mit dem Osten. Erst nach der deutschen Wiedervereinigung habe ich zu spüren bekommen, was Rechtsextremismus ist. Und erst seitdem weiß ich, was »No-go-Areas« und »national befreite Zonen« sind. Es gibt also tatsächlich Regionen in meinem eigenen Land, die ich nur unter Gefahr für meine körperliche Unversehrtheit betreten kann, weil ich nicht weiß bin – und diese Regionen liegen allesamt in Ostdeutschland. Tatsache ist auch, dass eine rechtspopulistische Partei, die AfD, dort besonders erfolgreich ist. Das zu schreiben bedeutet keineswegs zu ignorieren, dass es im Osten Deutschlands auch viele Menschen gibt, die sich gegen Extremismus engagieren. Im Gegenteil, diese Menschen sind meine Hoffnung.

Lassen Sie es mich so formulieren: Rechtsextremismus ist kein rein ostdeutsches, aber vor allem ein ostdeutsches Problem. Dafür mag es viele Gründe geben, aber ganz sicher keine einzige Entschuldigung. Leider habe ich immer wieder den Eindruck, dass Rechtsextremismus, Fremdenfeindlichkeit und Menschenverachtung im Osten verharmlost, relativiert, kleingeredet und schöngefärbt werden. Und am liebsten wird darüber geschwiegen.

Weil ich das bisweilen scharf und manchmal überspitzt kritisiere, bekomme ich einigen Gegenwind.

✉ Von meinem Kommentar zum Wahlerfolg der AfD bei der Bundestagswahl, der am Ende des vorhergehenden Kapitels steht, fühlten sich einige Ostdeutsche angegriffen. Postwendend erhielt ich etliche Zuschriften. Ein Absender forderte, Westdeutsche müssten Ostdeutschen »gefälligst auf Augenhöhe begegnen«, ein anderer ließ mich wissen, ich solle »Ostdeutsche endlich ernst nehmen«. Als Antwort darauf schrieb ich am 25. September 2017 auf Facebook und Twitter:

> Ich höre heute mehrfach, ich solle die Ostdeutschen »endlich ernst nehmen«. Entschuldigung, ihr kamt 1990 mit 'nem Trabbi angeknattert und wählt heute mehrheitlich AfD – wie, bitte schön, soll ich euch da ernst nehmen?

Das hatte, wie erwartet, weitere tausend Zuschriften zur Folge. Auch hier kam Zustimmung, aber auch Wut und Empörung.

Manche Kritik war durchaus sachlich formuliert. Meine Worte seien »nicht fair« gegenüber den Ostdeutschen, schrieb mir jemand. Ich sei »ungerecht gegenüber all denen, die nicht AfD gewählt haben und tagtäglich gegen Rassismus kämpfen in Ostdeutschland«, lautete eine andere Stimme. Das war, fand ich, angemessene – und auch angemessen formulierte – Kritik.

Aber leider war die meiste Kritik eben nicht angemessen – ich hatte es befürchtet und erwartet. »WIR SIND DEUTSCHER ALS DU ES JE SEIN WIRST, DU POTTHÄSSLICHES KANAKENSCHWEIN!«, schrieb mir einer, der als Wohnort Magdeburg angab. Oder: »Verzieh dich in dein Pakistan! Oder wohin auch immer. Hauptsache, du verschwindest aus UNSEREM Deutschland!« Oder: »Deutschland den Deutschen! Ausländer raus! PS: Du bist kein Deutscher! Also raus!«

✉ Auf diese geballte Wut antwortete ich mit diesem Text auf Facebook:

Gestern schrieb ich den Spruch: »Ich höre heute mehrfach, ich solle die Ostdeutschen ›endlich ernst nehmen‹. Entschuldigung, ihr kamt 1990 mit 'nem Trabbi angeknattert und wählt heute mehrheitlich AfD – wie, bitte schön, soll ich euch da ernst nehmen?« Wie erwartet, sorgte das für Aufregung, und zwar für Zustimmung wie Widerspruch gleichermaßen.

Ich möchte das erklären, denn ich denke, es ist nach der Bundestagswahl vom 24. September an der Zeit, einige Dinge in Zukunft anders anzugehen, deutlich anzusprechen und sich dem Streit zu stellen. Das gilt übrigens nicht nur für Politiker, Journalisten, Autoren und Publizisten, sondern für jeden. Seit Sonntagabend werde ich das allen abverlangen. Immerhin haben wir eine völkisch denkende Partei im Parlament.

Selbstverständlich ist der Spruch zugespitzt und polemisch. Korrekt hätte er sich an die Wählerinnen und Wähler der AfD im Osten richten müssen, immerhin etwa ein Drittel aller Wahlteilnehmer in Sachsen und ein Viertel in ganz Ostdeutschland. Das ist immer noch katastrophal viel.

FAZ-Wirtschaftsredakteur Franz Nestler schreibt mir auf Twitter, als Ostdeutscher sei er es leid, mit allen AfD-Wählern in einen Topf geworfen zu werden. Ich kann das nachvollziehen. Schließlich sei es ja auch nicht in Ordnung, wenn Muslime sich nach Terroranschlägen rechtfertigen müssten für die Gewalt.

Ich will diesen Vergleich aufgreifen. Natürlich ist es falsch, wenn man von allen Muslimen verlangt, sich von Terror zu distanzieren. Als hätten sie damit etwas zu tun, als wären sie Komplizen der Terroristen. Aber ebenso ist es falsch von Muslimen, wenn sie reflexhaft sagen: »Der Terror hat mit Islam nichts zu tun!« Doch, hat er! Er kommt aus dem Islam heraus, das radikale Gedankengut wächst dort heran und wird religiös begründet, und innerhalb der islamischen Gesellschaft(en) läuft etwas gewaltig schief. Also müssen Muslime sich mit dem Thema auseinandersetzen. Nur: Sie tun es in weiten Teilen nicht. Ich habe es selbst in Pakistan, in Afghanistan, in der Türkei erlebt. Da wird weggeschaut, kleingeredet, gerechtfertigt. Aus Scham, aus Lethargie, aus geistiger Umnachtung, aus (falscher) Verbundenheit gegenüber den Glaubensbrüdern und -schwestern.

Genauso verhält es sich, leider, in Ostdeutschland. Da wird auch weggeschaut und sich aufgeplustert aufgeregt, wenn man es wagt, das Thema auch nur anzusprechen. Natürlich ist Rechtsextremismus kein alleiniges ostdeutsches Problem. Aber es ist vor allem ein ostdeutsches Problem, und zwar ein gewaltiges! Aber anstatt das anzugehen, werden »national befreite Zonen« toleriert, wird so etwas Perverses wie »Pegida« hingenommen, werden Rechtsextreme gewählt, dass es kracht, und ansonsten wird sich empört, als wäre es eine Unverschämtheit, das Problem zu benennen.

So, wie es in der islamischen Welt eine Zivilgesellschaft gibt, die sich den Extremisten entgegenstellt, gibt es in Ostdeutschland Bewegungen, die gegen die Rechten kämpfen. Ich habe sie hier wie dort besucht und kennengelernt. Und hier wie dort sind sie, das muss man leider sagen, relativ erfolglos.

Ich bekomme seit Jahren Hassbriefe, Drohungen, Beleidigungen aller Art. Ich veröffentliche sie nur zu einem ganz kleinen Bruchteil. All jene, die sich über den Spruch mit den Ostdeutschen, den Trabbis und der AfD aufregen und sich geradezu naserümpfend empören, haben dazu noch nie, noch nie ein Wort des Mitgefühls geäußert, gefragt, ob sie etwas tun können oder ob alles in Ordnung sei, geschweige denn, dass man sich dagegen engagieren müsse. Aber wo sie irgendwie sich selbst zu Unrecht behandelt fühlen, da ist der Aufschrei groß. Wahnsinn.

Ich bin es schon seit Jahren leid, Extremismus jeglicher Art unwidersprochen hinzunehmen. Wer meine Arbeit kennt, weiß, dass ich islamischen Extremismus kritisiere, ebenso Extremismus in Deutschland (und für beides einen Preis zahle).

Warum ich besonders hart mit Ostdeutschland ins Gericht gehe, kann ich benennen. Der Mist hat für mich als jemand, der offensichtlich Wurzeln in einem anderen Teil der Welt hat, 1990 begonnen. Mit der deutschen Einheit. Ich war damals 16 Jahre alt, damals begannen die Übergriffe, die Jagden auf Menschen, die fremd aussahen, die brennenden Häuser. Damals hörte ich zum ersten Mal jemanden zu mir sagen: »Pass auf, da solltest du mit deinem Aussehen besser nicht hinfahren.« Es ging um Rostock. So etwas hatte ich zuvor noch nie gehört, es gab gar nicht die Notwendigkeit.

Solche Gewalt kam auch in Westdeutschland auf, erinnert sei an dieser Stelle an Solingen. Aber vor allem in Ostdeutschland. Meine ersten Hassbriefe bekam ich nicht mit der Erfindung des Internets. Ich erhielt sie Anfang der Neunzigerjahre, per Post, getippt, an »KAZIM, HOLLERN-TWIELENFLETH«. Sie kamen an. Es gab keine anderen Kazims in dem Dorf. Die Briefe kamen fast ausschließlich aus Ostdeutschland. Ich hatte es gewagt, als Schüler in diversen Zeitungen die Übergriffe zu kritisieren.

Ich habe trotzdem den Dialog gesucht, versucht zu verstehen, offen zu sein. Das wurde selten angenommen. Ich reiste durch den Osten, erlebte viel Gutes – wurde aber auch böse angestarrt, angespuckt, feindselig behandelt, in der Uckermark, in Magdeburg, in der Sächsischen Schweiz, auf Rügen. In einer Form, wie ich es im Westen nie erlebt habe. Trotzdem galt Kritik als »Nestbeschmutzung«. Man sollte bloß nicht sagen, der Osten sei besonders rechts, man müsse die Leute doch verstehen, ihre »Sorgen und Nöte«, den Bruch in ihren Biografien, die Schwierigkeiten des erzwungenen Systemwandels.

Ich kann all das verstehen. Und auch nachvollziehen, dass man unzufrieden ist, weil sich alles anders entwickelt hat, als man es erwartet hat. Und doch rechtfertigt das nicht, was ich erlebt habe und erlebe. Keine brennenden Flüchtlingsheime. Keine feindselige Behandlung von Menschen, nur weil sie anders aussehen und von woanders kommen. Und keine Wahl von Rechtsextremisten, deren Programm völkisches Gedankengut beinhaltet. Mit Erschrecken stelle ich fest, dass der Versuch, den Dialog zu suchen, die Hand zu reichen, nichts bringt. Es schlägt einem

der blanke Hass entgegen, geifernde »Lügenpresse«-Schreie, »Hau ab!«- und »Verpiss dich«-Rufe. Man will überhaupt nicht verstehen, man will überhaupt nicht reden, man will überhaupt keinen Frieden.
Und so, wie sich die Muslime – ja, alle Muslime – mit dem Thema Extremismus auseinandersetzen müssen, werden nun eben auch die Ostdeutschen – ja, alle Ostdeutschen – nicht darum herumkommen, sich mit den Problemen in ihrer eigenen Mitte zu beschäftigen. Sie müssen die Ursachen finden, und sie müssen die Probleme lösen. Eine Rechtfertigung für all diese Scheiße gibt es nicht.
Ich für meinen Teil werde nicht mehr schweigen. Das habe ich am Sonntag gelernt.

Der Austausch mit zum Teil sehr erbosten Leserinnen und Lesern zu diesem Thema hält seither an.

Markus S., ein bekennender »Pegida«-Fan aus Dresden, schreibt mir am 10. Januar 2016:

Hey, Kazim! Sehe deine Hetze gegen Pegida! Das sind aufrechte Demokraten, die sich den Mund nicht mehr verbieten lassen, kapier das mal! Du bist zugewanderter Gast in unserem Land und hast gefälligst dankbar zu sein, in Deutschland aufgenommen worden zu sein!

Ich antworte ihm am selben Tag:

Hallo Herr S.,
vielen Dank für Ihr Interesse an meiner Arbeit und Ihr engagiertes Eintreten für mehr Demokratie. Das weiß ich sehr zu schätzen. Nur zum Punkt Dankbarkeit, die Sie von mir verlangen, habe ich eine Bemerkung zu machen: Nicht ich habe Ihnen dankbar zu sein, sondern Sie als Dresdner haben umgekehrt mir dankbar zu sein, weil ich immerhin schon viel länger Bürger der Bundesrepublik Deutschland bin als Sie! Wir haben Sie freundlich aufgenommen, als Deut-

sche akzeptiert und netterweise auch noch jahrelang Geld (Soli) für Sie bezahlt. Genau genommen zahlen wir immer noch.
Herzliche Grüße,
Hasnain Kazim

Er antwortet mir am 12. Januar 2016:

Du bist ein Ausländer, der in Deutschland sein Maul nicht aufzureißen hat!!!!!!! Du hetzt nicht nur gegen Pegida, sondern gegen alle Ostdeutsche!!!! Deine E-Mail ist Beweis!!! Ich werde dich wegen Volksverhetzung anklagen!!!! Wirst sehen, was du davon hast!!!!!!!!

Ich antworte ihm am selben Tag:

Lieber Herr S.,
danke für Ihre freundliche Kritik. Über Ihre Anklageankündigung freue ich mich, ich habe sie meiner Armada von Anwälten (17 insgesamt, man gönnt sich ja sonst nix) weitergeleitet. Da ich viel zu tun habe und meine Zeit nicht vor Gericht wegen solcher Sachen verplempern kann, schon gar nicht in Dresden, werden sie für mich vor Ort sein und sich mit Ihnen auseinandersetzen.
Herzliche Grüße,
Hasnain Kazim
PS: Was ich vergessen habe, Ihnen zu schreiben be-

züglich Dankbarkeit: Ich wollte Sie noch daran erinnern, dass ihr uns damals bei Aldi die ganzen Bananen weggefressen habt, und ich habe nichts gesagt. Vergessen Sie das nicht, ja?

Er hat mir nicht mehr geantwortet. Verklagt hat er mich auch nicht.

✉ Leser Christian S. aus Radebeul, Sachsen, schreibt mir am 1. Juli 2017 um 10.45 Uhr:

Sehr geehrter Herr Kazim,
warum schreiben Sie deutschenfeindliche Artikel? Und warum beschäftigt auch noch eine deutsche Zeitschrift jemanden wie Sie? Ihre Sprache ist das gelernte Deutsch eines Ausländers. Ich finde, das ist unangemessen. Sie sollten erst mal in eine Sprachschulung gehen und ein paar Jahre lernen, um sprachlich auf ein angemessenes Niveau zu kommen.
MfG C. S., Radebeul

✉ Meine Antwort um 11.35 Uhr:

Lieber Herr S.,
ich bedanke mich ganz herzlich für Ihre Kritik an meiner Sprache und für Ihr Bemühen, mir bei der Verbesserung meiner Deutschkenntnisse behilflich zu sein! Das freut mich sehr! Sagen Sie, Sie schreiben mir ja aus Radebeul, richtig? Sind Sie Ossi oder zugezogener Wessi? Ich frage, um Ihr Urteil über mein

Sprachvermögen besser beurteilen zu können. Mit anderen Worten: Sprechen Sie eigentlich Sächsisch oder Deutsch?
Mit freundlichen Grüßen,
Hasnain Kazim

✉ Er antwortet um 13 Uhr:

Sächsisch ist Deutsch! Ein Dialekt, auf den ich stolz bin!

✉ Meine Antwort um 13.17 Uhr:

Herr S., bei allem Respekt, aber Sächsisch ist kein Deutsch, auch kein Dialekt, sondern eine Halskrankheit, vielleicht nicht so schlimm für den Betroffenen, also in diesem Fall: für Sie, aber dafür umso schlimmer für die Menschen in unmittelbarer Nähe der Erkrankten. Ich habe viele Jahre in Schwaben gewohnt, und ich kann Ihnen sagen: Schwäbisch ist die reinste Musik in meinen Ohren im Vergleich zu diesem Gewürge, das sich Sächsisch nennt. Nehmen Sie's mir also nicht übel, aber meinen Dank für Ihre Sprachkritik, den ich in meiner ersten Mail an Sie geäußert habe, muss ich leider wieder zurücknehmen. Sie als Sächsisch Sprechender verstehen ja gar nichts von der deutschen Sprache!
Mit herzlichen Grüßen,
Hasnain Kazim

✉ Er schreibt mir um 18.25 Uhr:

Herr Kazim, was Sie mir schreiben, ist nicht nur deutschenfeindlich, Sie sind auch sachsenfeindlich! Ich werde Sie wegen Aufwiegelung zum Hass gegen Sachsen und wegen Beleidigung von Sachsen anzeigen! Danke, dass Sie mir geschrieben haben, jetzt habe ich den Beweis schwarz auf weiß!

✉ Meine Antwort um 21 Uhr:

Lieber Herr S.,

danke für Ihre Antwort. Erst wollen Sie mir Sprachunterricht geben, dann wollen Sie mich anzeigen – Sie wissen auch nicht, was Sie wollen, oder? Ich kenne Radebeul nicht sehr gut, aber in Dresden war ich schon ein paar Mal. Sollten Sie also einen Prozess gegen mich anstreben, so hoffe ich, an einem Dresdner Gericht und nicht in Radebeul, denn was soll ich da? Dresden bietet ja einiges von touristischem Wert. Vielleicht können wir uns auch mal auf ein Bier treffen, möglicherweise an einem Montag, Sie sind da doch sicher bei Pegida dabei, oder? Können Sie mir ein schönes Hotel in der Dresdner Innenstadt empfehlen? Da könnte ich dann so lange bleiben, wie Ihr Prozess gegen mich dauert.

Beste Grüße,

Hasnain Kazim

Herr S. hat mir leider nicht mehr geantwortet. Er hat mich auch nicht angezeigt, jedenfalls habe ich nichts davon gehört. Schade. Ich hätte so gerne ein paar Tage in Dresden verbracht.

Die »Leitkultur« und »richtige Deutsche«...

Es war der »echte Deutsche« Karlheinz S., der diesem Buch den Titel gegeben hat. Er schrieb mir im November 2016, ich solle mal zu ihm kommen, damit ich etwas von ihm lerne – aber was? Vermutlich so etwas wie eine »deutsche Leitkultur«, wie sie manche Politiker in ermüdender Regelmäßigkeit fordern.

Nur: Was ist das? Und was ist eine »christlich-abendländische Kultur«, wie manche sagen? Gilt bei uns nicht Religionsfreiheit? Welche Rolle spielt das Christentum in Deutschland heute überhaupt noch? Und wenn schon christlich, wo bleibt dann bei denen, die diese Formulierung verwenden, die Nächstenliebe? Der Wille zu helfen? Die Uneigennützigkeit? Manchmal hört man sogar etwas von »christlich-jüdischem Kulturkreis«. Das ist offensichtlich als Bollwerk gegen den Islam gemeint. Die Leute sind sich nicht zu schade, ausgerechnet in Deutschland das Judentum ungefragt zum Komplizen gegen eine andere Religion zu machen.

Mir hat noch niemand die »Leitkultur« zufriedenstellend erklären können. Klar, es gibt einen Konsens über viele Dinge. Wir sagen »Guten Tag« und »Auf Wiedersehen« (Aber muss man das? Was ist mit diesen unhöflichen Nachbarn, die immer nur wortlos an einem vorbeigehen? Sind das »Kulturfremde«?). Wir schlagen unsere Kinder nicht (Und was ist mit den »autochthonen Deutschen«, wie sie sich nennen? Was, wenn die ihre Kinder schlagen? Sind die dann auch »kulturfremd«?). Gewalt löst kein Problem (Gilt das für alle?). Wir sprechen Deutsch (Und was ist mit den, um einen anderen Begriff zu benutzen, »Biodeutschen«, die ihre eigene Sprache unzureichend beherrschen? Müssen die auch in »verpflichtende Sprachkurse!!!!!«?). Um abzugrenzen, was eine »deutsche Leitkultur« sein soll, werden allen Ernstes auch Dinge wie »Schweinefleisch essen« und »Alkohol trinken« bemüht. Aber was, frage ich mich, ist mit Vegetariern? Oder Leuten, die keinen Alkohol mögen?

Oft hört man: Das Grundgesetz ist unsere Leitkultur! Das sagen ausgerechnet diejenigen, die den Satz »Die Würde des Menschen ist unantastbar« nicht einordnen können. Und wirklich, das Grundgesetz? Die darin verankerten Grundrechte können natürlich als Wertekanon gelten. Aber gelten diese Werte, vielleicht im Detail anders formuliert, nicht auch in Schweden und Frankreich und Italien? Was genau soll daran »deutsche Leitkultur« sein? Und das, was über die Grundrechte hinausgeht im Grundgesetz, sind ja doch eher technokratische Regelungen. Bund-Länder-Kompetenzen zum Beispiel. Muss ich, um einer »deutschen Leitkultur« anzugehören, dagegen sein, dass Bildung Sache des Bundes ist?

Die »Leitkultur« und was es heißt, ein »echter« oder »richtiger« Deutscher zu sein, sind oft Themen der Zuschriften, die ich erhalte. Meist, um mir klarzumachen, dass ich keiner sei. Da antworte ich natürlich gern.

Karlheinz S. schreibt mir unter Angabe seiner vollen Adresse am 29. November 2016 um 14.03 Uhr:

Herr Kazim, Sie sind ein SCHMIERFINK, der nur ANTIDEUTSCH DENKT UND SCHREIBT!!! Ich habe noch nie etwas Vernünftiges aus Ihrer Feder gelesen, noch nie! Sie erlauben sich wirklich etwas, als AUSLÄNDER uns Deutsche belehren zu wollen in Ihrem überheblichen Ton! Komm du SCHREIBERLING zu mir, dann zeige ich dir, was ein ECHTER DEUTSCHER ist!!!

Meine Antwort am selben Tag um 17.25 Uhr:

Lieber Herr S.,
haben Sie vielen Dank für Ihre Nachricht! Ich freue mich sehr über Ihre Einladung, sehr gerne komme ich zu Ihnen. Da ich zufälligerweise mit meiner Familie (Großeltern, Eltern, Geschwister, drei Ehefrauen (die vierte konnte nicht, die liegt gerade im Kreißsaal und kriegt unser sechstes gemeinsames Kind), acht Kindern, 17 Cousinen, 17 Cousins und

22 ihrer Kinder) ohnehin in Ihrer Nähe auf Urlaub bin, würde ich gerne gleich am Sonntag, 4. Dezember, vorbeischauen und mit Ihnen Advent feiern. Wir alle freuen uns sehr, von Ihnen zu lernen, was ein »echter Deutscher« ist!
Mit besten Grüßen,
Hasnain Kazim

✉ Karlheinz S. schreibt am 30. November 2016 um 7 Uhr:

Soll das ein Witz sein??!

✉ Meine Antwort um 11.45 Uhr:

Lieber Herr S.,
nein, keineswegs, wir sind wirklich in Ihrer Nähe und freuen uns sehr über Ihre Einladung! Eine kleine Frage noch: Da wir mit der Großfamilie kommen – wo können wir unsere Busse parken? Wir sind mit zwei großen Reisebussen unterwegs, und ich habe Sorge, dass man in XXX, was ja ein eher kleiner Ort zu sein scheint, keinen Parkplatz findet.

Und da wir Sie und Ihre Frau nicht übermäßig beanspruchen wollen: Kekse und Tee genügen. Kuchen bringen wir mit, außerdem drei Ziegen, die wir in Ihrem Garten schächten können. Haben Sie eine Feuerstelle, wo wir sie anschließend grillen können?

Frau I und Frau II können hervorragend grillen, Sie werden staunen!
Herzliche Grüße und bis bald,
Ihr Hasnain Kazim

✉ Karlheinz S. schreibt um 13.07 Uhr:

Das war ein Witz!!!!! Außerdem sind wir am Sonntag gar nicht zu Hause!

✉ Meine Antwort um 19.50 Uhr:

Lieber Herr S.,
machen Sie sich keinen Stress. Wir kommen einfach vorbei und klingeln, und dann schauen wir weiter. Macht nichts, wenn Sie nicht da sind. Wir haben ein Festzelt dabei, das bauen wir dann in Ihrem Garten auf und feiern, in Gedenken an Sie und an Deutschland, Advent. Sollten Sie dann am Abend nach Hause kommen, stoßen Sie einfach dazu und feiern Sie mit uns!
Herzliche Grüße,
Hasnain Kazim
PS: Könnten Sie vielleicht, bevor Sie Ihr Haus verlassen, einen Gartenschlauch bereitlegen, damit wir Ihr Grundstück nach der Schächtung reinigen können?

✉ Karlheinz S. schreibt am 1. Dezember 2016 um 10 Uhr:

Das meinen Sie alles nicht ernst. Sehr lustig. Ich mag Ihren Humor.

✉ Meine Antwort am selben Tag um 14.06 Uhr:

Herr S.,
seit wann haben wir Muslime Humor? Sie wissen doch selbst, dass wir keinen haben! Warum nehmen Sie jetzt Ihre Einladung zurück, wo Sie mir doch geschrieben haben, ich solle zu Ihnen kommen, um zu lernen, was ein ECHTER DEUTSCHER sei. Sagen Sie, was Sie wollen – wir kommen! Und wir freuen uns!
Beste Grüße,
Hasnain Kazim
PS: Denken Sie an den Gartenschlauch? Ich möchte keinen Ärger mit meinen Frauen kriegen, wenn wir nicht grillen können! Und mit einer hungrigen Großfamilie nach Hause fahren, das ist kein Spaß!

✉ Karlheinz S. schreibt um 15.15 Uhr:

Sehr geehrter Herr Kazim,
ich möchte mich für meine erste Mail bei Ihnen entschuldigen!! Ich meinte es nicht ernst mit dem zu mir kommen, und ja, ich ärgere mich oft über Sie! Aber ich habe unbedacht reagiert und meinte es

nicht so! Ich wünsche Ihnen trotzdem einen schönen Advent!

✉ Meine Antwort um 16 Uhr:

Karlheinz, wir kommen. Ob du willst oder nicht! Also mach den Gartenschlauch klar!

✉ Holger S. schreibt mir am 17. März 2017 um 8.18 Uhr:

Herr Kazim, ich habe gelesen, dass Sie sich auch mit doppelter oder mehrfacher Staatsbürgerschaft anfreunden könnten! Man kann aber nicht ZWEI LÄNDER seine Heimat nennen und auch nicht mehr Länder!

✉ Ich antworte ihm um 10.05 Uhr:

Hallo Herr S.,
danke für Ihre Zuschrift. Doch, natürlich kann man zwei oder mehr Länder seine Heimat nennen. Warum soll das nicht gehen? Nur weil Sie nicht zwei Länder Ihre Heimat nennen und das vielleicht nicht nachempfinden können, heißt das doch nicht, dass andere das nicht auch können? Was mehr als eine Staatsbürgerschaft angeht: Da finde ich schon, dass es auch Argumente dagegen gibt, die ich nachvollziehen kann. Aber da mit Heimat zu argumentieren, trifft es nun wirklich nicht. Ich selbst habe zum Bei-

spiel ausschließlich die deutsche Staatsbürgerschaft. Aber ich empfinde mehr als nur Deutschland als Heimat. Verstehen Sie?
Viele Grüße,
Hasnain Kazim

✉ Er schreibt um 11 Uhr:
Man kann sich aber nur einem Land verpflichtet fühlen! Man kann auch nur eine Kultur LIEBEN UND LEBEN!

✉ Ich antworte ihm um 13.20 Uhr:
Da muss ich Ihnen wieder widersprechen. Klar gibt es manchmal Konflikte, was das Sich-verpflichtet-Fühlen angeht. Zum Beispiel: Wenn ich Fußballprofi bin, für welche Nationalmannschaft spiele ich? Oder, wenn es Wehrpflicht gibt, in welchem Land leiste ich den Wehr- oder Ersatzdienst? Und klar gibt es bei zwei oder mehr Kulturen manchmal Aspekte, die aufeinanderprallen, die nicht zusammenpassen, die sich womöglich widersprechen. Daher sind Menschen, die sich mehreren Kulturen zugehörig fühlen, oft konfliktbeladen. Aber alles in allem kann man das schon wuppen. Schauen Sie, wenn man ein Kind hat, liebt man es mit ganzem Herzen. Wenn man zwei Kinder hat, müssen sich die beiden die Zeit und die Aufmerksamkeit der Eltern teilen, aber nicht die

Liebe (da Sie schon von »lieben« schreiben) und auch nicht das Gefühl, Kind seiner Eltern zu sein. Jedes Kind bekommt nicht nur noch die halbe Liebe, und es ist immer noch voll und ganz das eigene Kind. Vielleicht verhält es sich mit dem Zuhausesein in zwei Kulturen ähnlich: Man verbringt nicht in beiden gleich viel Zeit, manchmal ist die Zeit auch sehr ungleich verteilt, vielleicht ist sogar die Liebe ungleich verteilt, weil einem die eine Kultur näher ist als die andere. Aber das sind individuelle Empfindungen und Entscheidungen, nichts, das irgendjemand einem anderen Menschen vorschreiben kann. Verstehen Sie?
Viele Grüße,
Hasnain Kazim

✉ Er schreibt mir um 13.40 Uhr:

Ich finde, man darf nur ein Land und eine Kultur haben!

✉ Ich antworte ihm um 14.10 Uhr:

Ach Herr S., ich finde ja auch, manche Leute dürften keine Kinder haben! Aber Gott sei Dank habe ich da nichts zu melden! Und Sie nichts, was Land und Kultur angeht. Also viele Grüße, Hasnain Kazim

✉ Wieder einmal wird über das Tanzverbot an Karfreitag diskutiert. Ich veröffentliche am 14. April 2017 auf Facebook folgenden Post:

Mehrere Menschen, darunter der frühere CDU-Bundestagsabgeordnete Ruprecht Polenz, schreiben hier und anderswo in diversen Meinungsbeiträgen, das Tanzverbot an Karfreitag sei richtig. Polenz schreibt, Feiertage gehörten zur »Kultur eines Volkes«, und eine »Entchristlichung der Feiertage« sei »keineswegs ein Gebot der Trennung von Staat und Religion«.

Man könnte auf den ersten Blick meinen, das sei eine alberne Debatte. Ist es vielleicht auch. Aber trotzdem möchte ich dazu etwas sagen, weil es grundsätzlich die Frage von Freiheit und selbstbestimmtem Handeln berührt.

Ich kann verstehen, wenn Menschen sagen, der Karfreitag sei für sie ein trauriger, religiöser Tag, an dem sie sich wünschten, dass viele, möglichst alle Menschen so empfinden wie sie. Und ich kann nachvollziehen, dass sie darum bitten, dass man das respektieren und daher nicht tanzen, singen, heiter pfeifend durch die Gegend spazieren möge. Manche Menschen verzichten auf demonstrative Fröhlichkeit, weil sie genauso empfinden. Andere verzichten darauf, weil sie zwar mit Karfreitag und Jesus wenig anfangen können, aber weil sie Herrn Polenz oder wen auch immer schätzen und nicht verletzen wollen und ihnen Respekt zollen.

Gut.

Aber dann gibt es Leute, die weder mit dem Christentum noch mit Leuten wie Herrn Polenz etwas am Hut haben. In einem säkularen Staat, in dem die Religion die Politik geprägt haben mag (wobei: Das ist eine Lebenslüge der deutschen »Christ«demokratie, da ist heute so gut wie nichts Christliches mehr, siehe Flüchtlingspolitik der CSU etc.), aber in dem Religion und Staat doch voneinander getrennt sind, darf selbstverständlich jeder tanzen, wann er will.

Das gilt natürlich auch für andere Dinge und für andere Religionen. Als Muslim kann man es im Fastenmonat Ramadan doof finden, wenn andere Menschen nicht fasten. Und natürlich hat es etwas mit Respekt vor der Mehrheitsgesellschaft in einem islamischen Land zu tun, wenn andere sich an diese Regeln halten. Aber im Jahr 2017 kann und darf es nicht sein, dass Menschen, die trotzdem tagsüber etwas essen oder trinken und vom Fasten nichts halten und sich nicht an diese Regeln halten, angepöbelt oder sogar verprügelt oder erschossen werden, wie

ich es in Afghanistan und Pakistan mitbekommen habe. (Eine italienische Kollegin wurde in Afghanistan erschossen, weil sie im Ramadan gewagt hatte zu rauchen.)
Gleiches gilt auch – und damit wären wir bei einem größeren Thema, an das die Tanzverbot-am-Karfreitag-Befürworter bitte auch denken mögen – für Mohammed-Karikaturen. Natürlich ist es respektlos, solche Zeichnungen anzufertigen und zu veröffentlichen, wenn Menschen – und es geht hier um sehr, sehr viele Menschen – sich dadurch beleidigt fühlen. Und natürlich ist es respektvoll, wenn eine Zeitung darauf verzichtet, so etwas zu veröffentlichen. Aber dürfen darf sie schon. Und zwar ohne dass sich irgendein Irrer vor einer Redaktion in die Luft sprengt und ohne dass der Zeichner mit dem Tod bedroht wird und ein Leben lang Bodyguards braucht.
Es ist schön, wenn man anderen Menschen – auch denen, die man vielleicht in ihrem Denken, in ihrem Glauben nicht ganz versteht und denen man nicht ähnlich ist – mit Respekt begegnet. Wenn Leute an Karfreitag tanzen, im Ramadan essen und trinken, Mohammed-Karikaturen veröffentlichen et cetera, muss man das nicht mögen. Man muss nicht jeden Glauben, jede Kultur, jeden Brauch, jede Tradition, jeden Unsinn toll finden. Aber man muss akzeptieren und wie erwachsene Menschen miteinander umgehen können, wenn andere anders handeln.

Schließlich geht es nicht um Dinge, die andere Menschen existenziell bedrohen und ihr Lebensrecht in Frage stellen, sondern um individuelle Entscheidungen darüber wie: Was esse ich? Was trinke ich? Tanze ich? Empfinde ich Freude oder Trauer? Das sind alles Fragen, für die gilt: Das bestimmt am Ende jeder für sich. Wenn möglich, mit Respekt vor anderen. Eigentlich ganz einfach.

Daraufhin schreibt mir Hans K. am selben Tag:

Du schreibst für den Spiegel, vielleicht solltest du mal in Spiegel schauen!!!!!! Du hast dich gefälligst an unsere Regeln zu halten hier in Deutschland. Es ist nun mal so, hier herrschen andere Gesetze als in deinem Land. Du Sackgesicht solltest vielleicht zurück??? Unglaublich, was es für Menschen hier alles gibt. Wenn es dir hier nicht gefällt und du an Ostern nicht unsere Gesetze akzeptieren kannst, dann verpiss dich einfach, du Miststück. Wir brauchen dich nicht, und wir werden unsere Religion ehren.

Meine Antwort am selben Tag:

Volltrottel.

Ein weiterer Austausch mit Hans K. fand nicht statt.

✉ Die CSU spricht davon, es müsse ein »Vorrang für Zuwanderer aus unserem christlich-abendländischen Kulturkreis« gelten. Ich fühle mich, da ich Sohn von Einwanderern aus dem vorwiegend islamischen Pakistan bin, die eben nicht aus diesem »christlich-abendländischen Kulturkreis« stammen, angesprochen und schreibe ihr am 12. September 2016 auf SPIEGEL ONLINE einen offenen Brief:

Liebe CSU,

moin nach Bayern! Ich lese, dein Vorstand hat am Wochenende ein Papier beschlossen, in dem es heißt: »In Zukunft muss gelten: Vorrang für Zuwanderer aus unserem christlich-abendländischen Kulturkreis.« Gestatte mir ein paar Worte dazu, da ich mich mit Eltern, die eben nicht aus dem »christlich-abendländischen Kulturkreis« stammen und nach Deutschland eingewandert sind, angesprochen fühle.

Meine Familie hat in der Helmut-Kohl-Zeit jahrelang um die deutsche Staatsbürgerschaft kämpfen müssen. Schon damals ließen die Behörden uns spüren, dass wir als Zuwanderer nicht erwünscht sind. Mit deiner

Äußerung bringst du diese Haltung auf den Punkt: Schweden, Norweger oder Engländer wären noch okay, aber Pakistaner, Nigerianer oder Chinesen?
In deiner Haltung, die du in einen Mantel der kulturellen Differenzierung hüllst, steckt eine hässliche Portion Rassismus. Und deine Spitze, liebe CSU, ist intelligent genug zu wissen, dass sie genau mit diesen rassistischen Elementen spielt, um Wähler am rechten Rand für sich zu gewinnen. »Ist doch nur Wahlkampfgetöse«, magst du mir jetzt antworten. Und: »Fühlen Sie sich doch nicht gleich getroffen, Leute wie Sie meinen wir doch gar nicht!«
Ich verstehe das, CSU. Du lotest nur die Grenzen des Sagbaren aus. Das ist die Masche von Rechtspopulisten, und du bist dir nicht zu schade, dich zu ihnen zu zählen. Aber weißt du, was das Problem ist? Viele deiner Fans nehmen deine Worte für bare Münze. Und weißt du, was sie dann tun? Sie fühlen sich von deiner feindseligen Rhetorik ermutigt, Menschen wie mich in der S-Bahn als »dreckiges Ausländerpack« zu beschimpfen. Menschen in aller Öffentlichkeit zu bespucken. Oder mich wissen zu lassen, man müsste mir »tüchtig eins in die Fresse hauen«, wie mir einer deiner Fans per E-Mail schrieb, »weil Fremde wie du aus Deutschland rausgeprügelt gehören!«.
Mit deinen Worten beförderst du eine Radikalisierung der Sprache, du beflügelst die Gewalttätigen. Und das alles nimmst du nur für deine abso-

lute Mehrheit in Bayern in Kauf? Du willst wirklich nach »kultureigener« und »kulturfremder« Herkunft selektieren? Solch eine Haltung, liebe CSU, finde ich, ist einer Demokratie unwürdig. Das ist weder christlich noch sozial. Aber mir scheint, das interessiert dich nicht. Dir geht es nur um Aufmerksamkeit, um Zustimmung der dumpfen Wählerschaft.

Wir alle, du wie ich, wissen, dass es, was die Zuwanderung angeht, Herausforderungen gibt. Dass es zum Beispiel unter Muslimen Islamisten gibt, also Menschen, die den politischen Islam befürworten und eine Islamisierung aller gesellschaftlichen Bereiche wollen. Dass es unter diesen wiederum einen Teil gibt, der bereit ist, Gewalt anzuwenden. Wir müssen diese Terroristen gemeinsam bekämpfen.

Dazu wäre es nötig, gerade in den islamischen Ländern die demokratischen Kräfte zu stärken. Stattdessen stößt du alle, die nicht genauso sind wie du in deinem »christlich-abendländischen Kulturkreis«, vor den Kopf. Für deinen eigenen kurzfristigen Erfolg opferst du etwas viel Größeres.

Diese Heuchelei ist man von dir leider gewöhnt. Denn natürlich müsste man zum Beispiel mit Saudi-Arabien, einem Land, dessen Staatsideologie jener der Terrororganisation »Islamischer Staat« gleicht, ganz anders umgehen. Du hingegen befürwortest Handel, ja sogar Waffenexporte dorthin, denn bei all dem Erdöl und all der Kaufkraft ist dir das Kulturfremde dann doch egal. Wenn's um den eigenen Wohlstand geht, ist der »Kulturkreis« plötzlich zweitrangig, gell?

Deutschland – und auch Bayern – wird immer bunter, liebe CSU. Immer mehr Menschen mit Wurzeln aus fremden Ländern nennen sich Deutsche. Und weißt du was? Das ist gut so. Es ist der Lauf der Dinge. Wir sollten das gemeinsam gestalten. Was sind deine konstruktiven Vorschläge?

Ein herzliches Grüß Gott und Asalamaleikum,

Hasnain Kazim

✉ Tatsächlich antwortet mir die CSU am 15. September 2016 per E-Mail, was wir mit Einverständnis der Partei ebenfalls auf SPIEGEL ONLINE veröffentlichen:

Lieber Hasnain Kazim,

du hast auf SPIEGEL ONLINE einen Artikel über mich geschrieben. Es interessiert dich bestimmt, was ich über diesen Artikel denke.

Zuerst mal finde ich: Du hast dir echt Mühe gegeben, dass man nicht merken soll, wie sehr du dich über mich ärgerst. Dass du mich deine »liebe CSU« nennst, bin ich von dem Nachrichtenmagazin, für das du schreibst, nun wirklich nicht gewohnt. Aber wenn man deinen Text genauer liest, merkt man halt doch, dass du ihn mit ziemlich viel Ärger im Bauch geschrieben hast.

Du hast dich geärgert über meinen Satz »Vorrang für Zuwanderer aus dem christlich-abendländischen Kulturkreis«. Du findest, dass in diesem Satz eine hässliche Portion Rassismus steckt. Nun weißt du ja selber, dass ich »Kulturkreis« geschrieben habe und nicht Rasse. Und du weißt natürlich auch, dass Kulturkreis eine andere Sache ist als Rasse. Leider schreibst du nicht, was Kulturkreis mit Rassismus deiner Meinung nach zu tun hat. Warum also derjenige, der über Kulturkreise redet, ein Rassist sein soll. Eigentlich geht es dir ja auch nur darum, mich mit dem Wort Rassismus zu bedenken.

Ich finde das schade, dass du gleich zu Anfang deines Textes zu diesem Totschlagargument greifst. Ich hätte es besser gefunden, wenn du stattdessen eine intellektuelle Diskussion versucht hättest. Zum Beispiel darüber, warum sich bei uns bestimmte Kulturkreise schwerer integrieren lassen als andere. Warum zum Beispiel aus dem islamischen Kulturkreis die meisten Abbrecher von Integrationskursen kommen. Oder die meisten Parallelgesellschaften. Gerade mit deinem kulturellen Hintergrund hätten mich deine Erfahrungen dazu sehr interessiert. Du weißt zum Beispiel bestimmt, wie im islamischen Kulturkreis oder im chinesischen Kulturkreis über den westlichen Kulturkreis geredet wird. Nämlich was für große Unterschiede und Unvereinbarkeiten es da gibt. Und ich weiß nicht, ob du das als Rassismus bezeichnen würdest.

Noch etwas, woran du vielleicht nicht gedacht hast: Wir haben schon einen Vorrang für Zuwanderer aus

dem christlich-abendländischen Kulturkreis, nämlich mit der Freizügigkeit innerhalb der EU. Das finden alle ganz normal, und da regt sich auch keiner drüber auf. Es käme auch keiner auf die Idee, diese Freizügigkeit auf Pakistaner, Nigerianer oder Chinesen zu erweitern. Und ich glaube, dass selbst du nicht auf die Idee kommen würdest, der EU deswegen eine hässliche Portion Rassismus vorzuwerfen.
In dem Nachrichtenmagazin, für das du schreibst, wird ja in der Flüchtlingsdebatte immer wieder intellektuelle Redlichkeit eingefordert. Völlig zu Recht. Aber dazu passt es halt schlecht, wenn man andere, über die man sich gerade ärgert, als Rassisten verunglimpft. Oder die Wählerschaft als dumpf beleidigt. Das ist vielleicht gut für die Auflage oder die Klickrate, aber bestimmt nicht für das öffentliche Meinungsklima. In einer Demokratie sollten wir andere Meinungen aushalten und nicht eine Meinungsdiktatur errichten wollen. Ich halte deine andere Meinung ja auch aus.
Ich glaube nicht, dass dir dafür der Scharfblick fehlt, immerhin schreibst du ja für ein großes deutsches Nachrichtenmagazin. Aber vielleicht hast du da einfach ein bisschen Angst vor der Wahrheit.
Ich habe gestern im Leitartikel der FAZ gelesen: Deutschland muss Deutschland bleiben. Daran schloss sich der Gedanke, dass jedes Land die Kontrolle über die Zusammensetzung seiner Bevölkerung beanspruchen sollte. Ich finde das einen inte-

ressanten Gedanken. Über den könnte man sich mal austauschen. Argumentativ meine ich, ohne Totschlagargumente.
Was meinst du?
Ein herzliches Servus aus Bayern nach Wien,
Deine CSU
CHRISTLICH-SOZIALE UNION
CSU-Landesleitung

✉ Ich antworte ihr am selben Tag auf Facebook:

Liebe CSU,
vielen Dank für deine Antwort, sie freut mich, ganz ehrlich! Dass ich dich mit »Liebe CSU« anrede, verwundert dich? Warum? Es sollte selbstverständlich sein, dass man sich unter Demokraten auch dann mit Respekt begegnet, wenn man unterschiedlicher Meinung ist. Dass man also nicht Leute ins Gefängnis werfen lässt, nur weil sie einem nicht passen, so wie man das in vielen Ländern erlebt und so wie du damit ja auch in den Sechzigerjahren Erfahrung gemacht hast, da du schon den SPIEGEL erwähnst.
Aber das ist lange her, und ich will nicht von der Gegenwart ablenken. Du hast recht, ich habe mich über deine Formulierung »Vorrang für Zuwanderer aus dem christlich-abendländischen Kulturkreis« geärgert. Du wiederum echauffierst dich nun über meinen Rassismus-Vorwurf, und den will ich dir gerne erläutern.

Du sagst nämlich – absichtlich? – nicht, was du mit »christlich-abendländischem Kulturkreis« meinst. Wer genau soll also deiner Meinung nach bei der Zuwanderung nach Deutschland bevorzugt werden? Die Nonne aus Bangladesch? Der Priester aus Nigeria? Und Christen aus den USA, sind die für dich auch noch »Abendland« oder schon »Neue Welt«? Oder doch nur Schweden und Norweger und Dänen?

Klar, dass du von »Kulturkreis« schreibst, nicht von »Rasse«. Aber du weißt ganz genau, dass ein nicht unerheblicher Teil der Leute, um deren Stimmen du wirbst, da keinen Unterschied macht. Dass diese Leute jeden, der nicht in ihr weiß-blond-blauäugiges Weltbild passt, bepöbeln, beschimpfen und gelegentlich auch verprügeln. Leider zunehmend mehr, seitdem Politiker das mit solcher Rhetorik, wie du sie benutzt, befeuern. Das nimmst du, indem du von »christlich-abendländischem Kulturkreis« redest, in Kauf. Und ich nehme dir nicht ab, dass du diesen Zusammenhang nicht siehst, im Gegenteil, zu dir zählen ja kluge Köpfe, und du willst Stimmen am rechten Rand gewinnen. Der Philosoph Theodor Adorno schrieb schon vor Jahrzehnten ganz richtig, das »vornehme Wort Kultur« trete »anstelle des verpönten Ausdrucks Rasse«.

Während also viele deiner Anhänger »Kultur« als Substitut für »Rasse« benutzen und du nichts dazu sagst, schreiben mir immerhin sehr viele Menschen aus Bayern, darunter sogar mehrere Politiker aus deinen Reihen, sie würden sich für deinen rechtspopulistischen Kurs schämen. Ich habe also noch Hoffnung mit dir.

Aber sie stirbt dann wieder, sobald ich nachlese, was du zum Thema Europa zu sagen hast. Mir schreibst du heute ein wenig scheinheilig über die Freizügigkeit innerhalb der EU, die ja schon einen Vorrang für Zuwanderer aus dem »christlich-abendländischen Kulturkreis« bedeute, die alle normal fänden und über die sich niemand aufrege. Doch, du! Es war dein Generalsekretär Andreas Scheuer, der vor »Armutszuwanderung« aus Bulgarien und Rumänien warnte. Du hast immer wieder mit dem Thema Zuwanderung aus anderen europäischen Ländern Wahlkampf gemacht. Also tu doch bitte nicht so, als wäre die Freizügigkeit innerhalb der EU deine Errungenschaft, die du feiern würdest!

Stets appellierst du an die Angst der Menschen vor dem Fremden und merkst es nicht einmal. So zitierst du heute lobend die Formulierung »Deutschland muss Deutschland bleiben« aus einem Leitartikel der »Frankfurter Allgemeinen Zeitung«. Und verschweigst, dass das deine eigene Formulierung ist aus dem Papier, das dein Vorstand zum Thema Zuwanderung beschlossen hat. Als ob die Gefahr bestünde, dass Deutschland nicht Deutschland bleibt. Auch mit Menschen wie mir bleibt Deutschland Deutschland, stell dir vor! Aber klar, die Leute sollen Angst haben

vor den Zuwanderern, die nicht aus dem »christlich-abendländischen Kulturkreis« stammen, und dich wählen, damit du sie beschützt vor diesen Kulturfremden. Findest du das nicht unanständig?
In einer Sache immerhin sind wir uns einig: dass es Herausforderungen bei der Integration gibt. Du suchst aber keine Lösungen, sondern die Ausgrenzung. Und ja, Parallelgesellschaften sind ein Problem. Man könnte dagegen etwas tun, zum Beispiel Gettoisierung verhindern, indem man leistbaren Wohnraum schafft. Leicht ist das alles nicht, aber indem man Leute, die einem zu fremd vorkommen, gleich ausgrenzt, ist ja keine konstruktive Lösung.
Du hast recht, ich weiß, wie im »islamischen Kulturkreis« über den »westlichen Kulturkreis« gedacht wird. Ich habe schließlich viele Jahre in Pakistan und in der Türkei gelebt. Du schreibst, du wüsstest nicht, ob ich das als Rassismus bezeichnen würde. Weißt du was? Als ganz genau das bezeichne ich das. Es gibt in vielen Ländern Rassismus. In furchtbarem Ausmaß sogar.
Aber deswegen sollten wir doch bitte nicht genauso rassistisch reagieren. Sonst drehen wir uns wirklich nur noch im (Kultur-)Kreis.
Grüße von Wien nach München,
dein Hasnain Kazim

Die Türkei …

Hassbriefe erhalte ich von Neonazis gleichermaßen wie von Islamisten. Interessanterweise widersprechen sich die Vorwürfe, die sie mir machen: Neonazis bezeichnen mich oft als Repräsentanten der extremen Muslime, umgekehrt sehen Islamisten in mir einen getarnten Rechtsradikalen, der den Islam bekämpft.

Seit meiner Zeit in der Türkei, von wo ich von 2013 bis 2016 als Korrespondent berichtete, erhalte ich besonders viele Briefe von Menschen mit Wurzeln in diesem Land. Da ich dort nun nicht mehr lebe und ich deutlich weniger über die Türkei berichte, hat auch die Zahl der Zuschriften aus diesem Kreis abgenommen. Doch eine Zeit lang war es mehr als die Hälfte aller Post, die ich erhielt.

Einmal, im Mai 2014, nachdem Fans des heutigen türkischen Präsidenten Recep Tayyip Erdoğan ihren Helden durch einen Artikel von mir beleidigt sahen, erhielt ich sogar so viele Hassbriefe und Drohungen aus diesem Absenderkreis, dass meine Familie und ich die Türkei zeitweilig verlassen und uns in Sicherheit bringen mussten. Damals kamen Drohungen wie: »Wenn wir dich auf der Straße sehen, schneiden wir dir die Kehle durch!«

Heute schwankt der Anteil der Zuschriften aus dieser Ecke zwischen zehn Prozent – normales Grundrauschen – und vierzig Prozent – nach einem Artikel, der irgendeinen Bezug zur Türkei hat.

Menschen, die seit Jahren oder Jahrzehnten in Deutschland leben oder ihr gesamtes Leben hier verbracht, aber Wurzeln in der Türkei haben, sind selbstverständlich auch Deutsche. Dass sich in dieser Rubrik dennoch nur drei Dialoge finden, der eine auch noch von einem, der mich »zurück in deine Heimat Türkei!!!!!!!!!!!!!« wünscht, liegt daran, dass die Zuschriften, was Thema und Ausdrucksweise angeht, doch wenig abwechslungsreich sind. Im Grunde sind es Variationen der immer gleichen zwei Meinungsbekundungen: »Hurensohn!« und »Ich ficke deine Mutter«, allerdings in immer neuen kreativen Schreibweisen. Auf tragische Weise zeigt das, dass Integration auch im Bereich der Schimpfwörter noch nicht vollzogen ist.

Dialoge mit diesen Briefeschreibern haben jedenfalls wenig Sinn.

Ergün D. schreibt mir am 3. Juni 2016 um 0.14 Uhr:

Ich bin der Meinung, dass du ein kleiner verdickter Schwanzlutscher von Pakistani bist, also so einen großen AFFEN von TÜRKEI/RTE-Kritiker *[mit RTE ist der türkische Präsident Recep Tayyip Erdoğan gemeint; Anm. d. Verf.]* wie dich kann es eigentlich nicht geben. Die türkische Regierung hätte dich nicht ausweisen, sondern gleich in der Türkei an die nächste Mauer stellen sollen. ORUSPU COCUK
Wie hast du den Sprung von Pakistan nach Europa geschafft? Bist du auf dem Rücken eines deutschen Schäferhundes rübergekommen. Nicht ich, sondern Allah soll dich bestrafen, und wenn Menschen, die dir am Herzen liegen, mit Schicksalsschlägen getroffen werden, dann hoffe ich doch, dass du an mich denken wirst und dir mein GRINSEN im Gesicht vorstellen kannst. ALLAH Belang versin

✉ Ich veröffentliche seine Nachricht an mich bei Facebook. Dann schreibe ich ihm am selben Tag um 9 Uhr:

Ich habe Mitleid mit dir, wegen deiner Unbildung, wegen deines Frustes und deiner Wut. Ich hoffe, die Mails helfen dir, wenn auch in schlechtem, teils unverständlichem Deutsch verfasst, dass du dich besser fühlst. Schon mal über Anti-Aggressionstraining nachgedacht?

✉ Er antwortet mir um 9.10 Uhr:

Guten Morgen, nach ein paar Stunden Schlaf und der Besinnung ist mir doch klargeworden, dass das, was ich gestern Abend geschrieben habe, nicht viel mit Sinn und Verstand zu tun hat. Was mir leider im Nachhinein bewusst wurde. Von daher möchte ich mich für meine Entgleisung und die völlig falsche Wortwahl ENTSCHULDIGEN. Mit freundlichen Grüßen

✉ Ich antworte um 9.43 Uhr:

Na, immerhin. Ich ergänze meinen öffentlichen Post. Löschen werde ich ihn nicht. Die Scheiße, die du dir eingebrockt hast, musst du jetzt aushalten. Zu sagen, man müsste mich an die Mauer stellen, ist nicht ein wenig übertrieben, sondern kriminell und damit strafrechtlich relevant. Entsprechende Schritte behalte ich mir vor, insbesondere, wenn ich jemals wieder etwas Derartiges von dir sehen oder hören sollte. Dann musst du nicht nur einen öffentlichen Post aushalten, sondern meine Anwälte. Dabei wünsche ich dir viel Spaß.

✉ Er antwortet mir um 10.05 Uhr:

Danke, vielen Dank. 0151 XXX *[Er schreibt mir seine Telefonnummer; Anm. d. Verf.]* Würde mich über einen Anruf von dir freuen. Ali B. *[angeblich ein gemeinsamer Freund, der mir allerdings nicht bekannt ist; Anm. d. Verf.]* wird dir die Richtigkeit dieser Nummer bestätigen.

✉ Ich schreibe ihm um 10.10 Uhr:

Ich rufe dich nicht an. Kein Redebedarf. Sollte ich je wieder etwas in dieser Art lesen oder hören, ob gegen mich oder jemanden anderen, werden wir uns allerdings sprechen: vor Gericht.

✉ Er schreibt um 10.44 Uhr:

Ist in Ordnung, nur wäre es sehr nett von dir, wenn du Wort hältst und die Sache vielleicht etwas zu meinen Gunsten korrigieren würdest.

Ich antworte ihm, dass ich seine Entschuldigungsmail von 9.10 Uhr in meinem Facebook-Post ergänzen werde. Das tue ich, lasse aber auch seine erste Zuschrift öffentlich. Am 15. Juni 2016 schreibt er mir um 0.41 Uhr:

> Meinst Du nicht, dass es langsam gut sein sollte mit dem Beitrag? Oder noch nicht die entsprechende Befriedigung bei den erhaltenen Likes und der Menge an Personen, die dieses geteilt haben, bekommen? Oder immer noch angefressen davon? Sind wohl ein sehr nachtragender Mensch, kann das sein? Ich hätte mich wirklich gerne an den 30 Kommentaren beteiligt, war leider irgendwie nicht möglich gewesen. Stell Dir vor: Ich diesmal im ausgeschlafenen Zustand, das Hirn statt in der Hand dieses Mal an der entsprechenden Stelle, dann würde ich euch alle mundtot reden, ohne jemanden dabei persönlich beleidigen zu müssen. Dann würden wir noch mal darüber entscheiden, wer den zweiten Job als Sonderschulpädagoge ausübt. Sieh das Ganze mal mit etwas Humor, und bei einem so wunderschönen Land wie die Türkei (viele sagen Cennet *[Türkisch für Paradies; Anm. d. Verf.]*) muss es doch auch mal was Positives zu berichten geben.

Ich antworte ihm am selben Tag um 7.23 Uhr:

> Typen wie du sollten nicht nur ab und zu ausgeschlafen sein, sondern grundsätzlich ihr Benehmen über-

denken. Ihr solltet Argumente austauschen, nicht Leute »mundtot reden«.

Er schreibt mir am 18. Juni 2016 um 0.49 Uhr:

Wenn Sie mich zu ihrer eigenen Person/Charakter fragen würden, dann würde ich so antworten: Ich hoffe, Ihnen widerfährt eines Tages das gleiche Schicksal wie Jo Cox *[Jo Cox war eine britische Politikerin, die sich gegen Brexit engagierte; sie wurde am 16. Juni 2016 von einem britischen Rechtsextremisten ermordet; Anm. d. Verf.]*. Wenn Sie so weitermachen, werden auch Sie irgendwann dem Richtigen gegenüberstehen.

Ich beende den Austausch mit diesem Mann an dieser Stelle, er ist offensichtlich nicht ganz dicht.

Ein anonymer Verfasser schreibt am 18. April 2017:

Kotzim du Drekskanake geh zurück in deine Heimat Türkei!!!!!!!!!!!!! Wir wollen keine Türken und andere Ziegenficker in unsere Land!!!!!! Deutschland den Deutschen!!!!!!!!!!!!!!!!!!!

Ich antworte ihm am selben Tag:

Hallo,

danke für Ihre Zuschrift. Dazu nur ein paar Punkte: 1. Ich finde, wer in Deutschland leben und sich Deutscher nennen will, sollte sich um die deutsche Sprache bemühen und wenigstens die Grundzüge von Orthografie und Grammatik beherrschen. Arbeiten Sie an sich! Sie haben da noch einen ziemlich weiten Weg vor sich! 2. Ich stamme nicht aus der Türkei, das ist also nicht meine »Heimat«. 3. Wen meinen Sie mit »wir«, wenn Sie schreiben, »wir« wollten keine Türken in unserem Land? Sich selbst? Dann schreiben Sie bitte »Ich will keine Türken in unserem Land«, aber nicht »wir«.

4. Deutschland den Pakistanern! Japan den Brasilianern! Nigeria den Norwegern!

✉ Er schreibt mir am 20. April 2017:

DU hast in Türkei gelebt, Dreckskanake!!!!! Das weiß ich!!!! Lüg Nicht!!!!!! Deutschland den Deutschen!!!!!!!!!!!

✉ Ich antworte ihm am 22. April 2017:

Äh, ja, ich war Korrespondent in der Türkei und habe dort einige Jahre gelebt, Blitzmerker. Aber deswegen stimmt der Satz »Geh zurück in deine Heimat Türkei« immer noch nicht. Übrigens kommt das Wort »Kanake« aus dem Hawaiischen, »kanaka« heißt Mensch. Für dich habe ich ein ähnliches Wort: Im Griechischen bezeichnet man mit »idiotes« eine Privatperson, im weitesten Sinne also auch einen Menschen. Und du bist wirklich ein Wahnsinnsidiot! PS: Kanada den Australiern!!!!!!!!

✉ Er schreibt mir am selben Tag:

Lügner!!!!!!!!

Ich antworte ihm nicht mehr, es hat keinen Sinn.

✉ Ich poste am 28. November 2017 auf Twitter:

Der türkische Oppositionsführer Kemal Kılıçdaroğlu hat heute im Parlament Beweise für Überweisungen der Erdoğans ins Ausland präsentiert. Just als er das tun wollte, unterbrach der Staatssender TRT die Liveübertragung. Huch, welch lustiger Zufall!

✉ Daraufhin schreibt mir Twitter-Nutzer S.:

Du verdamter bastart ich kann wetten du schwull bist.

✉ Meine Antwort an ihn am selben Tag:

1. Es heißt »verdammter«, nicht »verdamter«.
2. Es heißt »Bastard«, nicht »bastart«.
3. Zwischen »Bastard« und »ich« gehört ein Komma.
4. Nach »wetten« gehört ein Komma.
5. Nach einem Komma hinter »wetten« muss der Nebensatz mit »dass« weitergehen.
6. Es heißt »schwul«, nicht »schwull«.

Und jetzt die viel wichtigeren Punkte:
7. In der Welt von 2017 wettet man nicht auf die sexuelle Ausrichtung von Menschen. In Deutschland nicht, in der Türkei nicht, nirgendwo.
8. Die sexuelle Ausrichtung von Menschen ist deren Privatsache. Überall. Auch in der Türkei.
9. Homosexualität ist nichts, was man jemandem vorwerfen oder womit man jemanden beleidigen kann.
10. Du bist ein Volltrottel.

Nach dieser Antwort habe ich ihn blockiert.

Hass und Höflichkeit ...

Hass ist weit verbreitet. Wenn ich manche Menschen reden höre, scheint mir, sie sind, in einer zunehmend polarisierten Öffentlichkeit, regelrecht stolz darauf, Feindbilder zu haben. In Zeiten von Rechtspopulisten und Islamisten sind Rassismus, Fanatismus und Demokratiefeindlichkeit nicht mehr tabu, sondern zum Teil sogar prägend für die Politik.

Hass gab es natürlich schon immer. Doch nimmt er zu? Oder wird er einfach nur sichtbarer, da er sich dank neuer Kommunikationswege anonym, schnell und kostenlos verbreiten lässt?

Tatsache ist, dass es heute risikolos ist zu hassen. Da findet es der eine schade, dass wir nicht mehr im Jahr 1939 leben, andere wollen nicht »das Sozialamt der Welt« sein, und gerne sinkt die Ausdrucksweise auf ein unterirdisches Niveau. Ob diese Leute so auch in der Öffentlichkeit reden würden? Viele sicher nicht, aber ich befürchte, es werden immer mehr. Ob sie mir ihre Beschimpfungen auch ins Gesicht sagen würden? Die meisten wären dazu zu feige, aber auch hier scheinen Hemmschwellen zu sinken.

Manchmal hilft es, den Schreibern gut zuzureden, an ihren Anstand zu appellieren, sie an ihre Erziehung zu erinnern. Ich stelle mir diese Leute wie rotzfreche Kinder vor, die man streng zur Ordnung rufen muss. Manchmal klappt es. Andere sind so tief versunken in ihrem Hass auf die Welt, dass nichts mehr hilft. Wenn sie dann nicht einmal ihre Sichtweise erklären oder offensichtlich nur auf Streit aus sind, provoziere ich gerne zurück. Das würde doch niemandem helfen, sagen mir manche. Doch, antworte ich dann, mir!

✉ Peter S. schreibt am 1. Februar 2016 um 7.09 Uhr:

Leute wie dich sollte man in Deutschland vergasen!!!!!!! Geh zurück zu deinen Kamelfickern! Muselpack hat bei uns nichts verloren, Islam gehört NICHT zu Deutschland! Hierzulande gehört es vernichtet und ausgerottet!

✉ Meine Antwort um 08.30 Uhr:

Hallo Herr S.,
danke für Ihre Zuschrift und für Ihr Interesse an meiner Person. Ist das eigentlich die bei Ihnen übliche Art, Kritik zu äußern?
Mit freundlichen Grüßen,
Hasnain Kazim

✉ Er schreibt um 17 Uhr:

Sorry, ich wusste nicht, dass die Mails jemand liest. War nicht so gemeint, hatte keinen klaren Kopf, als ich das geschrieben habe. Wirklich sorry!

Am 7. Februar 2016 schreibt mir Dr. Friedrich M., nach eigenem Bekunden »Volljurist«, einen sehr langen Brief, in dem er sich darüber beschwert, dass ich mich »in diversen Diskussionsbeiträgen als Deutscher« bezeichne. Ständig würde ich, so Dr. M., »darauf herumreiten, Sie seien in Deutschland geboren und aufgewachsen«.

Und dann schreibt er:

> Wissen Sie, Herr Kazim: Eine Ratte, die in einem Pferdestall geboren wird, bleibt doch immer eine Ratte. Sie wird niemals Pferd sein. So sehr sie das auch glauben und betonen mag.

Ich antworte ihm am 9. Februar 2016:

> Lieber Herr Doktor,
> danke für Ihre längliche Zuschrift.
> Wissen Sie, Herr Doktor: Manche Leute können sich noch so sehr um Titel und akademische Grade bemühen und unter dem Namen »Volljurist« schreiben – sie bleiben für immer ein Vollidiot.

Mit freundlichen Grüßen,
Hasnain Kazim
– Atommacht –

Er hat mir nicht mehr geantwortet.

Andre F. schreibt mir am 27. Juni 2016:

Immer schreibs du über Rasismus und Ausländerfeindlichkeit! Wir haben deutlich andre Problem!!!

Ich antworte ihm am selben Tag:

Ja, zum Beispiel mangelnde Rechtschreib- und Grammatikkenntnisse.

Er antwortet nicht mehr.

Patrick G. schreibt mir am 13. August 2016 um 8 Uhr:

Linke im Allgemeinen und Journalisten im Besonderen reduzieren Deutschland auf Hitler und auf die Jahre zwischen 1933 und 1945! Warum? Weil sie Deutschland klein halten wollen! Auch Sie, Herr Hasnain Kazim, tun das! Sie verfolgen eine Agenda! Dabei ist das alles sehr lange her, Deutschland ist viel mehr als das!

Ich antworte ihm am selben Tag um 11.45 Uhr:

Hallo Herr G.,
danke für Ihre Zuschrift. Ich wüsste nicht, dass ich oder irgendein Kollege Deutschland auf Hitler oder die Jahre zwischen 1933 und 1945 reduziert. Im Gegenteil, wann immer ich Zeitungen und Internetseiten lese, Fernsehen schaue, Radio höre, geht es doch meist um recht aktuelle Themen, die allesamt in der Gegenwart spielen. Aber leider sind Rechtsextremismus, Fremdenfeindlichkeit und Neonazismus auch aktuelle Themen. Und da sollte Deutschland aus sei-

ner Vergangenheit gelernt haben. Dass man das manchen Leuten um die Ohren haut, finde ich richtig.
Darf ich Sie mal was fragen: Finden Sie eigentlich, dass Deutschland »Land der Dichter und Denker« ist?
Viele Grüße,
Hasnain Kazim

Er antwortet mir am 14. August 2016 um 11.15 Uhr:
Natürlich ist Deutschland ein Land der Dichter und Denker!!! Was man von vielen anderen Ländern ja nicht gerade behaupten kann!!!

Ich schreibe ihm am selben Tag um 16.17 Uhr:
Hallo Herr G.,
danke für Ihre Antwort. Aber vergessen Sie das mit Dichter und Denker: Goethe, Schiller, Bach, Beethoven et cetera: Das ist alles sooo lange her! Viel länger als Hitler! Es gibt ja nicht mal mehr Zeitzeugen. Und kommen Sie mir bitte nicht mit Einstein – der gab 1933 den deutschen Pass ab, wollte von Deutschland nichts mehr wissen (und wurde ein Jahr später vom Deutschen Reich sogar strafausgebürgert). Also nix Dichter und Denker. Viele Grüße,
Hasnain Kazim

Er antwortet nicht mehr.

Jemand, der sich MichaXXX77 nennt, schreibt mir am 16. Juli 2016 um 2.50 Uhr:

Haschmich Katzimmmm, du bist ein mieser, gefährlicher Schreiberling, ein Stück Scheiße!

Ich antworte ihm am selben Tag um 10 Uhr:

Hallo Herr Micha,
danke für Ihre Zuschrift! Aber dass Sie mich duzen, finde ich wirklich unter aller Sau.
Mit freundlichen Grüßen,
Hasnain Kazim

Er antwortet mir am Tag darauf um 10.23 Uhr:

Sehr geehrter Herr Kazim,
peinlich, peinlich. Ich war gestern betrunken. Da sollte man niemandem E-Mails schreiben. Bitte betrachten Sie meine E-Mail als niemals geschrieben! Entschuldigung!
MfG, Micha S.

PS: Und danke, dass Sie Ihren Humor behalten und mich nur für das Duzen tadeln!

✉ Ich schreibe ihm um 17.30 Uhr:

Hallo Herr S.,
danke für Ihre Entschuldigung, nehme ich an. Und das mit dem Duzen ist nicht nur humorvoll gemeint. Mich persönlich stört das Geduze schon, jedenfalls mag ich gerne gefragt werden, ob wir einander duzen wollen. Ich habe sehr gute Freunde, die ich sieze. Andere, die ich duze, sind keineswegs Freunde. Manchmal glauben Leute, die aufdringlich Nähe suchen, mich einfach duzen zu müssen. Andere tun das auf despektierliche Weise. Ich werde nie vergessen, wie mal ein Beamter in einer Behörde meinen Vater geduzt hat, in einer Situation, in der das völlig unangemessen war. Das habe ich damals sogar als Kind wahrgenommen. Dass man sich in der Kommunikation im Internet häufig einfach duzt, ist wohl so. Ich mag das trotzdem nicht. Jedenfalls nicht ungefragt.
Viele Grüße,
Hasnain Kazim

✉ Jemand, der sich Mikhail nennt, schreibt mir am 14. August 2016:

Man sollte dich abschieben, mit einem Schlauchboot direkt aufs Mittelmeer!!!!!!!!!

✉ Ich antworte ihm am selben Tag:

Hallo Mikhail,
danke für Ihr Interesse an meiner Arbeit. Es freut mich, dass meine Artikel Sie zum Nachdenken anregen, soweit es Ihre Möglichkeiten zulassen. Zu Ihrer Beruhigung: Ein »Abschieben direkt aufs Mittelmeer mit einem Schlauchboot« ist nicht nötig, ich fahre lieber mit meiner Motorjacht raus.
Herzliche Grüße,
Hasnain Kazim

✉ Er schreibt mir am selben Tag:

Typisch Ausländer, haben Geld ohne Ende, kassieren auch noch Geld vom Staat, während unsereins jeden Pfennig zweimal umdrehen muss!

✉ Ich antworte ihm:

Hmm, ich werde mir einen Trick überlegen, dir auch den letzten Pfennig zu nehmen. Wer Mails schreibt wie »Man sollte dich abschieben, mit einem Schlauchboot direkt aufs Mittelmeer!!!!!!!!!« oder »Typisch Ausländer …«, der verdient es, dass ich ihm die letzte Unterhose nehme. So, und nun heul leise.

Mikhail schreibt mir nicht mehr.

Deutschlaender1933 schreibt mir am 13. September 2016:

Unsere ewigen Berufspolitiker sind schuld, dass Deutschland jetzt da steht, wo es ist! Aber ihr Auftragsschreiber verteidigt diese Berufspolitiker! Ist ja klar, von wem ihr euer Geld bekommt! Ihr wollt keine Veränderung!

Meine Antwort am 17. September 2016:

Lieber Herr Deutschlaender1933,

danke für Ihre Zuschrift. Wo steht Deutschland denn jetzt? Wirtschaftsboom, knapp 36 000 Euro Bruttoinlandsprodukt pro Kopf, niedrige Arbeitslosigkeit, ein nach wie vor funktionierendes Sozialsystem, eine relativ intakte Umwelt, vergleichsweise gute Schulen, Universitäten, Energieversorgung, Verkehrswege, gute Sicherheitslage. Eines der reichsten Länder der Welt.

Klar ist nicht alles rosig. Es gibt Armut, die noch in großen Teilen unsichtbar ist, weil Menschen sich ihrer Lage schämen. Ja, es gibt Probleme in Schulen, in vielen Stadtvierteln, es gibt in manchen Gegenden Schlaglöcher in den Straßen, die Bahnen fallen aus, Ungerechtigkeiten aller Art kommen vor, es gibt leider auch Kriminalität. Auch in Deutschland gibt es nicht nur nette Menschen.

Die meisten Probleme sind aber lösbar. Alle Zahlen und Daten belegen, dass es den Menschen in Deutschland in den vergangenen Jahren und Jahrzehnten immer besser ergangen ist. Schauen Sie sich mal Bilder von 1949 an, dem Gründungsjahr der Bundesrepublik Deutschland. Lesen Sie Texte von damals. Und vergleichen Sie das mit heute.

Ja, lassen Sie uns Probleme, die es noch gibt oder die sich neu auftun, benennen und an Lösungen arbeiten. Aber hören Sie auf, die »ewigen Berufspolitiker« oder wahlweise irgendeine andere Gruppe pauschal dafür verantwortlich zu machen.

Mit anderen Worten: Sie könnten sich ja selbst mal politisch engagieren und es besser machen.

Viele Grüße,

Hasnain Kazim

✉ Er antwortet mir am selben Tag:

Ich bin doch nicht blöd! Ich mach mich doch nicht bei irgendwelchen Deppen beliebt, damit die mich wählen!

✉ Ich antworte ihm am selben Tag:

Hallo Deutschlaenderwuerstchen, also, dazu fällt mir nun auch nichts mehr ein. Über andere meckern, aber selbst nicht bereit sein, Dinge besser zu machen – da kann ich Ihnen auch nicht helfen. Wissen Sie, was Ihr Problem ist? Wohlstandsverwahrlosung. Sie sind faul und satt und verantwortungslos. Gott sei Dank sind nicht alle so wie Sie. Gäbe es nur Menschen, die so ticken wie Sie, wäre Deutschland im Eimer. Ändern Sie sich, arbeiten Sie an sich, tragen Sie dazu bei, Probleme nicht nur zu benennen (und das geht auch ohne zu pöbeln und zu beleidigen), sondern auch an ihrer Lösung zu arbeiten. Wenn Sie da ein paar Schritte in diese Richtung getan haben, können wir gerne weiter miteinander kommunizieren. Ansonsten verschonen Sie mich mit Ihrem Frust!

Er hat mir nicht wieder geschrieben.

Manfred W., der mir über Monate regelmäßig geschrieben hat, schickt mir am 10. Dezember 2016 um 13.12 Uhr völlig ohne Anlass diese Mail:

Kazim, du Pakidrecksschwein, warum bist du immer noch in Deutschland? Du schreibst nur verlogene Scheiße über autochthone Deutsche und beschwerst dich über Deutschland! Wenn es dir bei uns nicht gefällt, geh doch zurück in dein Dreckspakiland und sorg dafür, dass es dort mal aufwärtsgeht!

Meine Antwort am 11. Dezember 2016 um 9.15 Uhr:

Manni, alter Grummelkopp!
Schön, mal wieder von dir zu lesen! Aber sag mal, Manni, was ist los? Du hast richtig zugelegt! Kummerspeck? Ich mach mir Sorgen!
Mit besten Grüßen,
Hasnain

✉ Seine Antwort am selben Tag um 10.20 Uhr:

SEIT WANN DUZEN WIR UNS???!!! UND WOHER WOLLEN SIE WISSEN, WIE ICH AUSSEHE?????

✉ Ich schreibe ihm um 17 Uhr:

Manni, alte Labertasche,
Smartphones, Tablets und Laptops haben heutzutage Kameras. Schon mal davon gehört? Ich weiß, in deinem Alter ist das manchmal nicht mehr so leicht mit Computer, Internet und so modernem Krams, aber das ist der Lauf der Dinge. Und selbst wenn so eine Kamera ausgeschaltet ist … Also … Ich habe meinen pakistanischen Hackerfreunden gesagt, dass sie deine Kamera mal einschalten sollen, damit ich dich sehen kann. Und ich sehe dich. Alter, du hast ganz schön zugelegt, finde ich. Was ist los? Kann ich dir irgendwie helfen?
Mit den herzlichsten Grüßen,
Hasnain

✉ Er schreibt 17.37 Uhr:

ICH FASSE ES NICHT, SIE HABEN HACKER BEAUFTRAGT, MICH AUSZUSPIONIEREN! DAS IST STRAFBAR!!! WEISS SPIEGEL DAVON? ICH WERDE SIE ANZEIGEN!!!

✉ Meine Antwort um 22.20 Uhr:

Lieber Manni, alter Choleriker, das lass man lieber sein. Ich hab' nämlich auch meine pakistanischen Talibanfreunde informiert, was du mir so immer schreibst, und die sind schon sehr, sehr wütend auf dich. Wenn die dann noch mitkriegen, dass du mich angezeigt hast … Aber sag mal, Manni, alter Tortenfreund, was ist los mit dir? Warum hast du so zugelegt?

✉ Manfred W. antwortet am 12. Dezember 2016 um 12.33 Uhr:

Herr Kazim, ich bin sehr ungehalten darüber, dass Sie Ihre pakistanischen Verbrecherfreunde auf mich hetzen! Sorgen Sie dafür, dass das keine Folgen hat, sonst hat das Folgen für Sie!

✉ Meine Antwort am 13. Dezember 2016 um 12.15 Uhr:

Manni, alter Schisser, nu antworte mal auf meine Fragen. Und warum bist du immer so rot im Gesicht? Die Aufregung, wenn du mir schreibst? Kreislaufprobleme? Was ist los? Soll ich vorbeikommen, damit du mir die Antwort beim Kaffee erzählt, bevor ich nach Pakistan ziehe, wie du dir wünschst?

✉ Manfred antwortet am 17. Dezember 2016 um 7.45 Uhr:

Herr Kazim, wie Sie wissen, ist in unserem Kulturkreis Weihnachten! Es gibt viel zu essen. Ich weiß, das kennt man bei euch Pakistanern nicht, aber hier ist das so! Das hinterlässt nun einmal Spuren. Genügt Ihnen das als Antwort? Unterlassen Sie gefälligst, mir hinterherzuspionieren!!!

✉ Ich schreibe ihm am 18. Dezember 2016 um 9 Uhr:

Manni, alter Lebkuchenvertilger,
das kann ich doch verstehen! Übrigens, ich kann dich gar nicht sehen. Ich habe einfach mal so geraten, wie du aussiehst. Du bist bestimmt so ein frustrierter Typ, der zu Hause vorm Computer hockt und sich täglich in die Tastatur auskotzt, alter Bademantelliebhaber! Du bewegst dich zu wenig. Und du isst zu viel. Das ist nicht gut für deinen Kreislauf. Herzinfarkt und so, weißt du, gerade bei Cholerikern wie dir. Und nun fröhliche Weihnachten, lass es krachen und bleib locker, Manni!
Dein Hasnain

Er hat mir seither nicht mehr geschrieben. Glücklicherweise.

Dirk H. schreibt mir am 2. Januar 2017 unter dem Betreff »Du wirst auch noch vertrieben«:

> Dass sowas wie Sie für die deutsche Zeitung Spiegel schreibt, das hätte es 1939 nicht gegeben. Aber 1939 gab es noch was anderes … und das werden Sie schon sehr bald schmerzlich zu spüren bekommen!!!

Solche Zuschriften erhalte ich ständig, oft mehrere Dutzend am Tag. Oft fehlen mir die Lust und der Nerv, solchen Leuten zu antworten, was aber keine Lösung sein kann. Anzeigen? Führt zu nichts, da es »keinen hinreichenden Tatverdacht gegen den Beschuldigten« gebe, wie es dann vonseiten der Justiz heißt. In diesem Fall veröffentlichte ich die Zuschrift mit seiner E-Mail-Adresse auf Facebook und schrieb dazu:

> Mag ihm jemand antworten? I'm too tired for that kind of stuff.

Wahrscheinlich hat er eine Menge Post bekommen,
passende und vielleicht auch nicht passende.
Ich hoffe, er hat es genossen.

✉ Diese Konversation findet in ihrer ganzen Länge am 13. Februar 2017 statt. Rainer M. schreibt mir:

Herr Kazim! Wir sind nicht das Sozialamt der Welt! Warum geht das nicht in Ihren beschränkten Journalistenkopf? Wir können einfach nicht alle Menschen bei uns aufnehmen, sie durchfüttern und ihnen Geld geben! Dann hätten wir selbst nichts mehr!

✉ Meine Antwort:

Hallo Herr M.!

Danke für Ihre Nachricht.

Ich antworte Ihnen gern, zuerst aber eine Standpauke: Ein Anschreiben beginnt man mit »Sehr geehrter/Sehr geehrte«, »Lieber/Liebe« oder auch einfach mit einer Grußformel wie »Guten Tag« oder »Hallo«. Selbst in einem Chat sollte man beim ersten Kontakt so beginnen.

Zweitens: Selbst wenn man empört/verärgert/wütend ist, stellt man die Frage in möglichst sachlichem und möglichst höflichem Ton. »Beschränkter Jour-

nalistenkopf« geht nicht. Haben Sie das nicht von Ihren Eltern oder im Kindergarten gelernt? Muss ich Ihnen das etwa jetzt noch beibringen?
Also: Schreiben Sie bitte noch einmal in vernünftiger Form und in angemessenem Ton, dann versuche ich gerne, Ihnen auf Ihre Frage zu antworten.
Mit freundlichen Grüßen,
Hasnain Kazim

✉ Er schreibt:

Sehr geehrter Herr Kazim!
Ich wusste nicht, dass Sie so dünnhäutig sind! Dabei teilen Sie selbst so gerne aus! Warum muss man immer höflich sein? Außerdem habe ich gar keine Frage an Sie, sondern will nur sagen: Wir können nicht alle Ausländer aufnehmen!
Viele Grüße,
Rainer M.

✉ Ich antworte:

Ich lege Wert auf vernünftigen Umgang miteinander. Wenn Sie das für »dünnhäutig« halten, haben wir offensichtlich ein unterschiedliches Verständnis von diesem Wort.
Sie fragen: »Warum muss man immer höflich sein?« Man muss überhaupt nicht. Aber grundsätzlich verbessert es das Miteinander. Gerade wenn man von je-

mandem etwas will, und sei es, nur angehört zu werden oder sogar eine Antwort zu bekommen.
Und das wollen Sie doch, oder schreiben Sie mir nur, um Ihren Frust/Ihre schlechte Laune bei mir abzuladen? Ihre erste Nachricht verstehe ich sehr wohl als Frage. Sie behaupten, »wir« könnten nicht alle Menschen aufnehmen und seien »nicht das Sozialamt der Welt«. Ihre Nachricht verstehe ich nun als Frage, ob ich auch dieser Meinung sei. Da ich aber nun nicht mehr sicher bin, ob Sie das wirklich von mir wissen wollen, antworte ich nur kurz: Grundsätzlich bin ich nicht Ihrer Meinung, aber natürlich können wir nicht »alle Menschen« bei uns aufnehmen.

✉ Er schreibt:

Sie hetzen gegen AfD-Politiker und Pegida-Anhänger, die gegen die Aufnahme von Flüchtlingen sind!

✉ Meine Antwort:

Nein, ich »hetze« nicht, aber ich kritisiere sie. Denn diese pauschale, zum Teil hasserfüllte Ablehnung oder diese dümmlichen Aussagen von Pegida-Anhängern, die in einer Region Deutschlands, in der so gut wie keine Fremden leben, gegen die »Islamisierung des Abendlandes« protestieren und sich auch noch als »Patrioten« und »Demokraten« verstehen, das ist schon ziemlich kritikwürdig.

✉ Er antwortet:

Wenn Sie schreiben, dass Sie nicht alle Menschen aufnehmen wollen, wen wollen Sie dann aufnehmen und wen nicht?

✉ Meine Antwort:

Das zu regeln, lieber Herr M., ist die Aufgabe der Politik. Dazu braucht es eine vernünftige Einwanderungspolitik und ein Einwanderungsgesetz. Dort muss geregelt sein, wer wann unter welchen Bedingungen kommen und bleiben darf. All das hat die Politik seit Jahrzehnten verschlafen. Sie hat jahrzehntelang von »Gastarbeitern« geredet, als ob diese Leute nicht dauerhaft in Deutschland bleiben würden, und hat nicht akzeptiert, dass Deutschland längst ein Einwanderungsland ist – und hat diese Einwanderung entsprechend nicht geregelt, was heute zu Frust führt. Aber Ihre Sorge, wir könnten nicht »alle Menschen« aufnehmen, ist jedenfalls unbegründet, denn ich kann Ihnen vergewissern, dass nicht »alle Menschen« zu uns kommen wollen. Woanders ist auch ganz schön, wissen Sie.

✉ Er schreibt:

Sie weichen aus! Wer soll Ihrer Meinung nach kommen, und wer muss Ihrer Meinung nach wieder zurück?

Meine Antwort:

Ich weiche nicht aus, sondern sage nur, dass es Aufgabe der Politik ist, Zuwanderung zu regeln. Ich finde, Deutschland sollte grundsätzlich ein offenes, freundliches Land bleiben. Ein Kriterium für die Aufnahme kann die Qualifikation der Menschen sein. Das muss man vorher gesetzlich definieren. Und natürlich sollten wir Menschen, die verfolgt werden, aufnehmen und Schutz bieten. Aber natürlich ist es so, dass, wenn große Teile eines Volkes auf der Flucht sind, wie aktuell in Syrien, natürlich sowohl freundliche Menschen als auch böse Menschen kommen. Wenn herauskommt, dass jemand Mitglied des »Islamischen Staats« war oder in der Mörderbande des syrischen Präsidenten Assad, soll er natürlich bestraft und abgeschoben werden. Ich möchte so jemanden nicht in meiner Gesellschaft haben. Ebenso wenig jemanden, der in Afghanistan bei den Taliban war. Aber die meisten Menschen aus Afghanistan waren nicht bei den Taliban und die meisten Syrer nicht beim IS oder in der syrischen Armee. Man muss also, wie überall, differenzieren. Ich finde es legitim, den Gedanken zu äußern, bestimmte Leute hier nicht haben zu wollen. Das kann man tun, ohne gleich ein ganzes Volk, eine ganze Ethnie, eine ganze Religion, eine ganze Gruppe pauschal zu verurteilen. Verstehen Sie das?

Er schreibt:

Verstehe. Aber stimmen Sie mir zu, dass Merkels Politik der offenen Grenzen falsch war?

Meine Antwort:

Mich hat Merkel mit ihrer Politik der Offenheit, die sie auch durchhielt, als Leute auf den Straßen gegen sie pöbelten, beeindruckt. Sie hat das Bild von einem toleranten, freundlichen Deutschland vermittelt. Sie hat Haltung bewiesen, unbeeinflusst von irgendwelchen vermeintlichen Mehrheitsmeinungen. Dass sehr viele Menschen unkontrolliert ins Land kamen, dass sie großenteils nicht erfasst wurden, finde ich kritikwürdig. Die Regierung argumentierte, sie habe das getan, um in einer angespannten Situation Schlimmeres zu verhindern. Ich muss das zur Kenntnis nehmen und kann das nicht überprüfen, finde es aber dennoch falsch. Das findet jetzt aber nicht mehr statt. Selbstverständlich akzeptiere ich auch andere Meinungen, aber bevor man eine Meinung äußert, sollte man sich bitte informieren und bitte differenzieren. Hass, Rassismus und Menschenverachtendes sind keine Meinungen.

Er schreibt:

Ich differenziere sehr wohl!

✉ Ich antworte:

Sie schreiben: »Wir können einfach nicht alle Menschen bei uns aufnehmen, sie durchfüttern und ihnen Geld geben!« Das ist nicht differenziert, denn weder stimmt, dass »alle Menschen« zu uns kommen, noch, dass wir sie »durchfüttern«.

✉ Er schreibt:

Na gut, verstehe ich. Gut, dass wir darüber geredet haben.

✉ Ich schreibe:

Finde ich auch. Viele Grüße, Hasnain Kazim

✉ Er antwortet:

Ebenso! Schönen Tag noch!

Jörg H. schreibt mir am 7. April 2017 um 11.30 Uhr (nachdem er einen drei Jahre alten Artikel von mir im Archiv gefunden und sich darüber aufgeregt hat):

Fick dich, Kazim!!!

Meine Antwort um 12.45 Uhr:

Fick dich selber!

Er schreibt um 14.13 Uhr:

Das ist also Ihr Niveau!!!

✉ Konrad L. schreibt am 10. April 2017 um 10.07 Uhr:

Sehr geehrter Herr Kazim,
ich verfolge Ihre Arbeit sehr aufmerksam, auch das, was Sie in den sozialen Medien treiben. Manches gefällt mir, vieles nicht. Aber eines würde ich doch gerne von Ihnen wissen: Warum provozieren Sie ständig? Warum versuchen Sie, Leute auf die Palme zu treiben mit stichelnden, oft überzogenen Worten?
Mit freundlichen Grüßen,
Dr. Konrad L.

✉ Meine Antwort am 11. April um 9 Uhr:

Sehr geehrter Herr L.,
haben Sie vielen Dank für Ihre Nachricht vom 10. April! Ihre Frage will ich gerne beantworten. Das hat sicherlich mit meiner Biografie zu tun. Wissen Sie, für viele Menschen bin ich schon eine Provokation aufgrund dessen, wer ich bin. Wegen meiner dunklen Haut- und Haarfarbe, wegen meines Namens. Obwohl ich das schon als Kind gespürt hatte,

hoffte ich, dass es nicht stimmt und dass ich mich nur täusche.
Aber leider ist dem nicht so. Es gibt sehr viele Leute, die sich allein wegen der genannten Faktoren aufregen und die sagen: »Was will der hier?«, »Warum nimmt der uns einen Arbeitsplatz weg?« oder »Was wagt der, Artikel zu schreiben? Will der uns belehren?« Ich trage in Europa übliche Kleidung, keine traditionell südasiatische Kluft, aber ich habe festgestellt: Menschen, die irgendwie als fremd wahrgenommen werden, können sich kleiden, wie sie wollen – nie ist's recht. Wenn sie beispielsweise Shalwar Kameez tragen, jenen Anzug, den man traditionell in Pakistan trägt, dann heißt es: »Wie zieht der sich denn an? Wir sind hier in Deutschland!« Trägt man Kleidung, an die man hierzulande gewöhnt ist, heißt es mal: »Ah, hat der was von der Kleidersammlung gekriegt!«, dann wieder: »Wie kann der sich so teure Sachen leisten?«
Glauben Sie mir, ich interpretiere da keine Blicke, sondern ich weiß genau, was ich höre. Man entwickelt Antennen dafür. Menschen, die davon nicht betroffen sind, bekommen so etwas nicht mit, daher können sie es sich kaum vorstellen.
Ich war mal bei der Bundeswehr, bei der Marine. Insgesamt hatte ich dort eine gute, interessante Zeit. Dort musste ich, wie es beim Militär nun einmal üblich ist, Uniform tragen. Selbst das war nicht allen recht. Der Haltung »Was bildet der sich ein, eine deutsche Uniform zu tragen?« begegnete ich ge-

legentlich, nicht innerhalb der Bundeswehr, aber außerhalb – und das nur wegen meiner Hautfarbe oder wegen meines fremd klingenden Namens.
Sie mögen das als Randerscheinungen abtun, als Nebensächlichkeit, aber mich beschäftigten diese Erfahrungen seit Langem. Und damit komme ich auf Ihre Frage zurück, warum ich »ständig« provoziere. Nun, lieber Herr L., das tue ich so oder so. Also auch dann, wenn ich es gar nicht will.
Und da denke ich mir: Wenn schon Provokation, dann absichtlich und so, dass ich dabei wenigstens auf meine Kosten komme! Das ist die Lehre aus der Erkenntnis, dass ich es ohnehin niemandem recht machen kann.
Ich hoffe, diese ausführliche Erklärung hilft Ihnen weiter!
Mit besten Grüßen,
H. K.

✉ Konrad L. schreibt am selben Tag um 11.34 Uhr:
Danke, ich hätte nicht gedacht, dass Sie mir antworten! Das ist mir eine Ehre! Ich verstehe Sie, aber manchmal habe ich doch das Gefühl, dass Sie sehr schnell einen Rassismusvorwurf erheben. Das sollten Sie besser nicht tun, denn oft stimmt das nicht und provoziert die Leute unnötig!
Mit freundlichen Grüßen,
Dr. Konrad L.

✉ Meine Antwort am selben Tag um 17.20 Uhr:

Lieber Herr L.,

das Problem ist: Alltagsrassismus ist weiter verbreitet, als die meisten Menschen ahnen. Dabei bin ich niemand, der leichtfertig »Rassismus!« ruft.

Ich erzähle Ihnen mal ein Beispiel. Als angehender Marineoffizier fuhr ich auf dem Segelschulschiff »Gorch Fock«. Dort gab es einen wunderbaren Smut (Schiffskoch), der, wenn ich mich richtig erinnere, Zimmermann hieß, von uns jedenfalls Zimbo genannt wurde. Zimbo fuhr schon seit Jahren auf der »Gorch Fock«. Er schimpfte ständig über das Schiff, sagte, er werde »den Kahn im nächsten Hafen für immer verlassen!«, und war andauernd schlecht gelaunt. Aber er hatte sein Herz am rechten Fleck und sollte tatsächlich noch viele Jahre auf dem Schiff bleiben.

Jedenfalls hatten wir während meiner Zeit auf der »Gorch Fock« auch ein paar Austauschkadetten aus Kuwait an Bord, acht, wenn ich mich richtig erinnere. Mittags wurden neben den knapp zweihundert Mahlzeiten für die Besatzung entsprechend acht Portionen ausgegeben, die halal waren, für die Kuwaitis.

Nun erhielt auch ich, als mich der Kamerad erblickte, der für die Essensausgabe zuständig war, ein Tablett mit diesem Halalzeugs. Ich wunderte mich, warum ich etwas anderes bekam als meine Kameraden. Das Halalessen sah nicht so appetitlich aus wie das andere, aber ich war Matrose, erst seit zwei Mo-

naten bei der Marine und traute mich nicht zu fragen. Ich nahm also das Essen und gab mich damit zufrieden.
Das ging ein paar Tage so. Bis ich irgendwann mitbekam, dass Zimbo in der Kombüse (Schiffsküche) herumbrüllte. »Warum fehlt jeden Tag, verdammt noch mal, eine Portion für die Kuwaitis? Wer frisst einem Kuwaiti das Essen weg?« Da erst wurde mir klar, dass man mich wegen meines Äußeren für einen Kuwaiti hielt. Ich ging zu Zimbo und löste das Rätsel. Wir lachten darüber, die Kuwaitis lachten mit, ebenso die für die Essensausgabe verantwortlichen Soldaten, denen die Angelegenheit aber auch ein bisschen peinlich war. Und damit war die ganze Sache erledigt.
Ich käme nicht auf die Idee, hier jemandem Rassismus vorzuwerfen, obwohl mich hier Leute wegen meines Äußeren beurteilt und entsprechend anders behandelt hatten. Ich unterscheide sehr wohl: Welche Gedanken stecken hinter einem bestimmten Handeln, welche Motive, welches Weltbild haben die Leute, warum tun oder sprechen sie so, welche Absicht verfolgen sie? Man muss immer den Kontext sehen.
Klar ist, dass viele Menschen von mir erwarten, ich müsse mich wegen meiner Hautfarbe, wegen der Herkunft meiner Vorfahren auf bestimmte Weise verhalten. Nicht selten in meinem Leben haben sie mich spüren lassen, dass sie von mir, dem Nichtwei-

ßen, den Habitus eines Habenichts, die Dankbarkeit eines Davongekommenen, die Unterwürfigkeit eines Untertanen erwarten. Ich soll dem Staat nicht auf der Tasche liegen, aber auch keinem »richtigen Deutschen« die Arbeit wegnehmen. (Für Menschen wie mich, denken solche Leute, sind jene Jobs vorgesehen, die ein »richtiger Deutscher« nicht machen will. Müllabfuhr, Putzdienst, Kioskverkauf in der Nacht etc.) Ich soll mich integrieren, aber mir »nicht einbilden, ich könnte ein vollwertiges Mitglied der deutschen Gesellschaft werden«, wie mir einer schrieb. Und immer, wenn jemand sich zu sehr provoziert fühlt, soll ich mich »dahin verpissen, wo du herkommst«, wie mir ein anderer schrieb.
Gegen all diese Erfahrungen wehre ich mich. Ich habe das Glück, dass ich das sprachlich kann. Ich könnte schweigen, einfach resignieren, aber ich rede, schreibe, und wenn es sein muss, provoziere ich eben. Das müssen Sie ertragen. So wie ich die ganze rassistische Scheiße ertrage, von der ich Ihnen nur ansatzweise erzählt habe.
Mit freundlichen Grüßen,
Hasnain Kazim

✉ Seine Antwort am 17. April um 8.34 Uhr:

Sehr geehrter Herr Kazim,
haben Sie vielen Dank für Ihr Schreiben vom 11. April! Die Erfahrungen, die Sie machen müssen, tun mir

leid! Als Deutscher, dessen Wurzeln in Deutschland liegen, über viele Generationen belegbar, ist mir Rassismus und Feindseligkeit, wie Sie das schildern, unbekannt. In Ihre Rolle kann und will ich mich nicht hineinversetzen. Natürlich glaube ich Ihnen, was Sie schildern. Ich danke Ihnen, dass Sie den Austausch gesucht haben, das rechne ich Ihnen hoch an, auch wenn ich nach wie vor nicht der Meinung bin, dass Ihre oft provokanten Kommentare hilfreich sind. Ich bin überzeugt, dass versöhnliche oder wenigstens erklärende, jedenfalls nicht stichelnde Worte mehr bewirken als Provokationen. Aber ich werde sie in Zukunft stärker auch aus Ihrer Perspektive lesen, denn ich verstehe, dass Sie bei all den Dingen, die Ihnen widerfahren, nicht emotionslos bleiben können (und wollen).

Ich wünsche Ihnen jedenfalls alles Gute und verbleibe mit freundlichen Grüßen,

Ihr Dr. Konrad L.

✉ Ein anonymer Schreiber schickt mir am 5. Mai 2017 um 4.34 Uhr die Nachricht:

Geh zurück nach Israel!!!!!

✉ Ich schreibe ihm am 5. Mai 2017 um 10.30 Uhr:

Hallo, ich soll nach Israel gehen? Wegen meines so jüdischen Namens oder warum? Mit freundlichen Grüßen, Hasnain Kazim

✉ Seine Antwort am 5. Mai 2017 um 10.37 Uhr:

JUDEN RAUS AUS DEUTSCHLAND!!!!

✉ Meine Antwort am 5. Mai 2017 um 12.12 Uhr:

Hör mal, Freundchen, erstens: Niemand muss aus Deutschland raus wegen seines Glaubens, seiner Überzeugungen, seiner Weltanschauung. Juden schon gar nicht. Aber abgesehen davon: Ich bin kein Jude. Gruß, Hasnain Kazim

✉ Er schreibt mir, nachdem er wohl lange an meiner Nachricht zu kauen hatte, am 11. Mai 2017 um 5.22 Uhr:

DU BIST JUDE! DEIN NAME IST JÜDISCH! VERARSCH MICH DOCH NICHT!!!!

✉ Meine Antwort am 11. Mai 2017 um 13 Uhr:

Junge, wie kann man so dumm sein? Hasnain Kazim ist ein typisch japanischer Name. Genau genommen kommt dieser Name nur in einem kleinen, schintoistisch geprägten Bergdorf in Nordjapan vor. Und nun? Japaner raus? Schintoisten raus? Ich fände ja besser: Volltrottel raus aus Deutschland!

✉ Seine Antwort am 17. Mai 2017 um 7.37 Uhr:

VERARSCH MICH DOCH NICHT!!!!! DU BIST JUDE!!!!!

✉ Ich schreibe ihm am 18. Mai 2017 um 11.12 Uhr:

Na gut, du hast mich durchschaut. Kazim ist ein polnischer Name. Die Abkürzung von Kazimierz. Vielleicht kennst du Kazimierz, ein Stadtteil in Krakau. Und in Krakau leben viele Juden, viele von ihnen flohen vor den Nazis dorthin. Als die Wehrmacht die Stadt einnahm, kamen die Juden von dort in das »Krakauer Ghetto« in Podgórze. In der Folge wurden fast alle Krakauer Juden ermordet. Ganz im Ernst, du mutiger anonymer Held: Wenn Leute wie du behaupten, ich sei Jude, dann bin ich gerne Jude.

Ich habe den Schreiber blockiert. Sollte er mir also erneut geschrieben haben, erreichten mich seine Zuschriften nicht. Im Übrigen ist die Geschichte mit dem japanischen Bergdorf erfunden. Die traurige Geschichte der Juden in Krakau, auch im Stadtteil Kazimierz, ist hingegen leider wahr.

✉ Ein anonymer Schreiber lässt mich am 13. Juni 2017 wissen:

Ausländer, die in Deutschland leben, aber kein Deutsch können, raus aus Deutschland!!!!!!!!

✉ Ich antworte ihm am 16. Juni 2017:

Leute, die anonym Stammtischparolen im Internet verbreiten, raus aus dem Internet!

✉ Er schreibt mir am selben Tag:

Herr Kazim, Sie sind selbst ein Beispiel dafür, wie weit es ein Ausländer bringen kann, der Deutsch kann!!!!! Sind Sie nicht der Meinung, Ausländer sollten Deutsch lernen??????

✉ Ich antworte ihm am 17. Juni 2017:

Ich bin der Meinung, dass die übermäßige Nutzung von Ausrufe- und Fragezeichen unter Strafe gestellt werden sollte. Aber ich will mich nicht lustig machen über Sie, sondern führe auch Ihre Nachricht auf sprachliche Defizite zurück. Ich gehe davon aus, dass Sie mit Ihrer ersten Zuschrift sagen wollten: »Ich bin der Meinung, dass Ausländer, die nach Deutschland kommen und hier leben wollen, Deutsch lernen sollten.« Da bin ich Ihrer Meinung. Ich finde, Menschen, die in ein anderes Land ziehen, die dortige Sprache lernen sollten. Das gilt übrigens auch für Deutsche, die in Thailand leben oder auf Mallorca. Da stelle ich auch eine große Integrationsverweigerung fest. Und ja, ich finde, dass Ausländer, die seit dreißig, vierzig oder fünfzig Jahren in Deutschland leben, aber kaum ein Wort Deutsch sprechen, etwas falsch gemacht haben. Sie haben meiner Ansicht nach nicht die Integrationsleistung erbracht, die man von ihnen erwarten kann. Abgesehen davon: Ich bin kein Ausländer. Man muss nicht blond und blauäugig sein oder Adolf heißen, um Deutscher zu sein. Geht das in Ihren Kopf?

✉ Er schreibt mir am selben Tag:

Diese Leute sollte man rauswerfen aus Deutschland! Sie wollen nicht Teil Deutschlands werden! Sie wollen sich nicht integrieren! Sie wollen Türken/Araber/Sonstige bleiben, Fremdkörper in Deutschland!

✉ Ich antworte ihm am 19. Juni 2017:

Ich stelle fest: Sie können Ausrufezeichen auch maßvoll verwenden. Sehen Sie, so wie Sie lernfähig sind, sind auch andere Menschen lernfähig. Warum schreien Sie gleich »Rauswerfen!«, wenn diese Leute vielleicht doch Deutsch lernen können? Ich bin für verpflichtende Sprachkurse, aber auch dafür, Menschen zu ermutigen, die Sprache des Landes zu lernen, in dem sie leben. Ich finde, weniger Gewalt in unserer Sprache täte dem Miteinander gut. Verstehen Sie?

✉ Er schreibt mir am 20. Juni 2017:

Sie haben zu viel Verständnis für Ausländer! Weil Sie selbst einer sind!

✉ Ich antworte ihm am 21. Juni 2017:

Wieder übersetze ich Ihr Schreiben in vernünftiges Deutsch (nichts zu danken dafür, dass ich Ihnen Ihre Sprache beibringe). Sie wollen sagen: »Sie sind zu nachsichtig mit Menschen aus anderen Ländern, die in Deutschland leben, aber kein Deutsch lernen wollen.« Sie könnten anschließend fragen: »Warum ist das so, Herr Kazim?« Sie würden damit den Dialog vernünftig formuliert fortführen, ohne Gewalt in der Sprache. Ihre Sprache sagt sehr viel über Sie aus, und zwar nichts Schmeichelhaftes. Arbeiten Sie an Ihrer Sprache! Auch hier will ich Ihnen antworten: Sehen Sie, am Ende sind wir alle Menschen. Die Ausländer sind aus unterschiedlichsten Gründen nach Deutschland gekommen. Manche wegen der Arbeit (manche wurden sogar geradezu eingeladen, »Gastarbeiter«, um mal dieses schlimme Wort zu gebrauchen), andere wegen der Liebe, wieder andere, weil schon Verwandte hier sind, dann wieder andere aus Zufall. Sie haben ihre alte Heimat verlassen, an der sie trotz allem noch ein wenig hängen. Glauben Sie mir: Selbst Menschen, die aus einem Kriegsland flüchten, verdammen ihr altes Land nicht ausschließlich. Sondern es gibt dort viele Dinge, die sie vermissen: die Menschen, das Essen, bestimmte Feste und Traditionen – und sehr oft: die Sprache. Ich habe selbst vier Jahre als Korrespondent in Pakistan gelebt. Und obwohl ich pakistanische Wurzeln habe und von Kindheit an auch Urdu kannte, habe ich in Pakistan die Gelegenheiten zu schätzen gewusst, in denen ich Deutsch sprechen konnte. Die deutsche Sprache ist für mich so etwas wie Heimat. Ich bin kein Fan von »Tatort«, aber in Islamabad organisierten deutsche Freunde sonntags »Tatort«-Abende. Wir alle haben genossen, im fernen Pakistan sonntags »Tatort« zu schauen, einen Abend auf Deutsch. Was ich Ihnen sagen will: Ich kann verstehen, dass Menschen aus der Türkei auch in Deutschland weiterhin gerne Türkisch, aus Syrien gerne Arabisch, aus Russland gerne Russisch und so weiter hören und sprechen. Aber ja, noch einmal: Ich finde, man muss von ihnen, wenn sie in Deutschland dauerhaft leben wollen, erwarten können, dass sie Deutsch lernen.

✉ Er schreibt am 23. Juni 2017:

Aber wenn sie es nicht lernen, muss man sie rauswerfen!

✉ Ich antworte am selben Tag:

Noch einmal: Weniger Aggression täte Ihnen gut. Tun Sie doch erst einmal einen ersten Schritt und helfen Sie den Leuten, Deutsch zu lernen. Laden Sie doch mal Leute, die Ihrer Meinung nach unzureichend Deutsch sprechen, zu sich nach Hause ein, auf einen Tee, und sprechen Sie mit ihnen Deutsch. Öffnen Sie Ihre Türen. Zeigen Sie den Menschen, dass Sie ihnen helfen wollen, Deutsch zu lernen. Über das Rauswerfen können Sie auch später noch nachdenken, wenn alle Bemühungen (also auch Ihre) gescheitert sind.

Er hat mir nicht mehr geantwortet.

✉ Jemand, der sich MarliesBluemchen nennt, schreibt mir am 7. Juli 2017 um 23.17 Uhr:

Natürlich gibt es Unterschiede zwischen weißen, braunen, gelben, schwarzen Menschen, lieber Hasnain. Und denkst du nicht manchmal insgeheim auch, wie schön es wäre, wenn du weiß wärest?

✉ Meine Antwort am 10. Juli 2017 um 11.15 Uhr:

Liebe Marlies,
gerade habe ich mal mein ganzes Gesicht weiß geschminkt, um die Antwort auf deine Frage zu ergründen. Sie lautet: nein.
Viele Grüße,
Hasnain

✉ MarliesBluemchen schreibt am selben Tag um 15.29 Uhr:

Lieber Hasnain,
es ist ein Unterschied, ob man sich weiß schminkt

oder ob man weiß ist! Und weiß sein ist nun mal das, was du dir insgeheim wünscht, ich weiß es sehr genau! Gib es doch zu! Wer will schon dunkel sein?

Meine Antwort um 18 Uhr:

Liebe Marlies,
also, ganz ehrlich: Es hat schon Vorteile, eine dunklere Hautfarbe zu haben, jedenfalls nicht käseweiß zu sein und beim ersten Sonnenstrahl rosa bis rot zu werden. Es ist jedenfalls unbestreitbar eine Erleichterung, dass ich mir so gut wie nie über Sonnenschutz Gedanken machen muss (ich creme mich trotzdem ein, das nur zu deiner Beruhigung, da du dir ja über mein Wohlbefinden anscheinend große Sorgen zu machen scheinst, obwohl wir uns nicht kennen, und das weiß ich zu schätzen, jedenfalls ein bisschen).
Die Zahl der Sonnenbrände kann ich an einer Hand abzählen. Waren es zwei in meinem ganzen Leben? Oder drei? Ich kann mich nicht erinnern.
Und ach, in Deutschland gibt es in jedem Kaff ein Bräunungsstudio. Die Leute wollen alle braun werden. Warum nur? Vielleicht weil's schöner ist? Keine Ahnung. Es ist Geschmackssache, liebe Marlies.
Du hast recht, in Ländern wie Indien oder Pakistan will der, der auf sich hält, lieber hell sein. Es gibt Bleichcremes in Hülle und Fülle. Aber ich glaube, die wollen einfach nur ein bisschen heller sein, aber nicht käseweiß. Auch da: Ist eine Geschmacksfrage.

Und wie bei so vielem, will der Mensch oft das, was er nicht hat. Weiße wollen dunkel sein, Dunkle wollen weiß sein. So sind Menschen, jedenfalls manche. Aber ich nicht. Ich bin glücklich, wie ich bin. Ich gehe weder ins Bräunungsstudio, noch benutze ich Bleichcreme.
Beste Grüße,
Hasnain

✉ Sie antwortet um 23.50 Uhr:

Ich weiß, dass du weiß sein willst! Ich habe deine Texte gelesen! Du leidest unter einem Minderwertigkeitskomplex, weil du es nicht bist! Ich weiß es, ich weiß es, ich weiß es!

✉ Ich schreibe ihr am 11. Juli 2017 um 10.17 Uhr:

Na gut Marlies, okay, du hast mich so weit. Ich will weiß sein! Unbedingt! Um jeden Preis! Was kann ich nur tun? Kannst du mir helfen? Hast du Bleichcreme für mich? Oder Wunderpillen, die ich am Abend schlucken kann, und am nächsten Morgen erwache ich wie Schneewittchen, weiß wie Schnee? Die Haare, die anfangen, hier und da zu ergrauen, kann ich ja färben, damit sie wieder schwarz wie Ebenholz sind. Bitte hilf mir, Marlies! Bitte!

✉ Sie antwortet um 14 Uhr:

Jetzt machst du dich über mich lustig! Dabei wollte ich nur deutlich machen, dass es eben Unterschiede gibt, die du negierst, und dass du unter einem Komplex leidest und deshalb ständig darüber schreibst.

✉ Meine Antwort um 18.30 Uhr:

Ich schreibe ständig über das Weißsein? Beziehungsweise über das Braunsein? Nein. Keineswegs. Ich schreibe über Rassismus, vor allem über Alltagsrassismus. Das ist etwas anderes.

✉ Sie schreibt um 20.10 Uhr:

Du schreibst ständig über Rassismus in Deutschland! Und in Wahrheit hast du was gegen Weiße!

✉ Meine Antwort um 22 Uhr:

Was denn nun? Ich hab' was gegen Weiße? Oder will ich selbst ein Weißer sein? Ich bin verwirrt.

✉ Ihre Antwort um 22.08 Uhr:

Du willst Weißer sein, aber weil du es nicht sein kannst, hasst du sie und schreibst schlecht über sie!

✉ Ich schreibe ihr am 12. Juli 2017 um 16 Uhr:

Marlies, du klingst wie ein türkischer Erdoğan-Fanboy, der mir mal geschrieben hat, ich sei nur deshalb so kritisch gegenüber der Türkei, weil ich nie ein Türke sein werde. Es macht keinen Sinn, weiter mit solchen Leuten zu reden. Also auch dir: Schönen Tag noch und schönes Leben!

Beste Grüße,

Hasnain Kazim

Hans F. schreibt mir am 8. Juli 2017:

Sehr geehrter Herr Kazim,

auf diesem Wege möchte ich mich ganz herzlich bedanken für Ihre engagierte Arbeit! Meine Familie – meine Frau, zwei Söhne, eine Tochter, alle erwachsen – und ich sind Fans von Ihnen. Seit wir Ihnen auch auf Facebook und Twitter folgen, sind Sie sozusagen täglicher Gast bei uns. »Was schreibt Hasnain Kazim heute?« ist eine Frage, die oft beim Frühstück oder am Abendbrottisch gestellt wird.

Politisch sind einige Teile der Familie immer auf Ihrer Seite, manche meistens, aber wir alle bewundern Sie für Ihre Streitlust, Ihre argumentative Stringenz, Ihre Haltung. Dafür haben Sie unser aller Respekt!

Es ist nun das erste Mal, dass ich überhaupt einem Journalisten schreibe. Das liegt daran, dass wir kürzlich eine längere Diskussion hatten, die um eine Frage kreiste, die letztlich nur Sie beantworten können. Wir schätzen Sie nämlich politisch als mittelinks oder linksliberal ein. Gleichzeitig wissen wir – unter anderem aus dem Eintrag auf Wikipedia über

Sie –, dass Sie Offizier bei der Bundeswehr waren. Unsere Frage nun: Würden Sie heute, mit Ihrer jetzigen Lebenserfahrung und mit Ihrer politischen »Reifung«, wenn ich das mal so nennen darf, wieder zur Bundeswehr gehen?
Ich weiß, das ist eine recht persönliche Frage, und ich habe Verständnis, wenn Sie mir nicht antworten!
Sollten Sie es doch tun, ist Ihnen unser Dank sicher!
Fans, das schrieb ich bereits, sind wir ohnehin von Ihnen!
Mit herzlichen Grüßen,
Hans F.

✉ Ich antworte ihm am 19. Juli 2017:

Sehr geehrter Herr F.,
haben Sie vielen Dank für Ihren freundlichen Brief!
Es freut mich, dass Sie und Ihre Familie sich für meine Arbeit interessieren und verfolgen, was ich so schreibe.
Ihre Frage beantworte ich gern, zumal ich darüber nun schon einige Male diskutiert habe, mit Familienangehörigen, Freunden, auch ehemaligen Kameraden von der Bundeswehr – zu vielen pflege ich noch engen Kontakt, die Freundschaft hält über die Zeit bei der Marine hinaus.
Ich bin im Laufe der Zeit kein Pazifist geworden und immer noch der Meinung, dass eine Demokratie wehrhaft sein muss. Notfalls und in letzter Konse-

quenz auch mit Waffengewalt. Ich bin also nach wie vor nicht für eine Abschaffung des Militärs. Allerdings ist eine andere Frage, und die stellen Sie ja, ob *ich* wieder zur Bundeswehr gehen würde. Ich habe dort ja viele gute Erfahrungen gemacht, viel gelernt und wichtige Kontakte geknüpft. Aber dennoch würde ich sagen: Nein, ich würde es nicht wieder tun.

Der Eid, den man als Soldat ablegen muss, lautet gemäß §9 des Soldatengesetzes: »Ich schwöre, der Bundesrepublik Deutschland treu zu dienen und das Recht und die Freiheit des deutschen Volkes tapfer zu verteidigen (so wahr mir Gott helfe).«

Bei der Formulierung »so wahr mir Gott helfe« habe ich die Wahl, nicht aber bei der Formulierung »des deutschen Volkes«. Ich kann zum Beispiel nicht sagen: »… und das Recht und die Freiheit großer Teile des deutschen Volkes tapfer zu verteidigen«. Nun ist es aber so, dass ich im Laufe der Zeit feststelle, dass mir einige Teile des deutschen Volkes ziemlich egal sind. Diejenigen zum Beispiel, die in Frage stellen, ob jemand wie ich Deutscher sein kann, solche, die satt und selbstgefällig gegen alles Fremde polemisieren und deren größte Triebfeder ihre eigenen Ängste und Sorgen sind, die sie aber sorgfältig pflegen, damit sie eine Rechtfertigung für ihre niederträchtigen, herablassenden Sichtweisen haben.

Für diese Leute möchte ich mich in keiner Weise ein-

setzen. Daher könnte ich den Eid so nicht mehr ablegen und mithin kein Soldat mehr sein.
Ich hoffe, Ihre Frage beantwortet zu haben!
Herzliche Grüße und alles Gute,
Hasnain Kazim

✉ Hans F. schreibt mir am 2. August 2017:

Sehr geehrter Herr Kazim,
haben Sie vielen Dank für Ihre Antwort! Wir haben uns sehr gefreut, dass Sie sich tatsächlich die Zeit genommen haben, uns zu schreiben. Wir alle waren uns einig, dass Sie nicht mehr zurück zum Militär gehen würden, aber Ihre Begründung war für uns dann doch spannend.
Wir wissen ja, dass Sie viel mit Rechtsextremisten zu tun haben. Wenn Sie noch eine Frage gestatten: Was ist denn Ihrer Meinung nach der richtige Weg, mit diesen Leuten umzugehen? Sie ignorieren? Oder sie bekämpfen? Und wenn ja, wie?
Mit herzlichen Grüßen von der ganzen Familie F. aus XXX!

✉ Meine Antwort am 17. August 2017:

Lieber Herr F.,
danke für Ihre Antwort! Mich hat Ihre erste Zuschrift noch weiter gedanklich beschäftigt, auch nachdem ich Ihnen geantwortet hatte. Ich habe mich

immer mal wieder gefragt: Stimmt meine Antwort? Ich komme auch nach längerem Überlegen zu dem Entschluss: Ja, meine Antwort stimmt.
Zu Ihrer zweiten Frage, wie mit Rechtsextremisten umzugehen ist: Nun, ich habe da keine allgemeingültige Antwort. Sie fragen ja, ob man sie ignorieren oder bekämpfen solle. Die Frage ist auch, wenn bekämpfen, dann wie?
Rechts*populisten* wollen Aufmerksamkeit um jeden Preis. Ich finde nicht, dass man über jedes Stöckchen springen sollte, das sie einem hinhalten. Auch wir Journalisten nicht. Andererseits: Wenn es kein Stöckchen ist, sondern ein Baumstamm, *müssen* wir reagieren. Ich finde ohnehin, ignorieren ist meistens falsch. Ich finde, man muss Extremisten antworten, begegnen, sich ihnen entgegenstellen, sie kritisieren, ihre Widersprüche aufzeigen. Man darf dem Streit nicht aus dem Wege gehen, sondern muss ihn engagiert führen. Das darf man ruhig auch mal mit scharfen Worten tun, sollte sich aber davor hüten, sich auf ihr niedriges sprachliches Niveau zu begeben.
Auf jeden Fall bin ich überzeugt, dass man Haltung zeigen muss. Irgendjemand behauptete neulich (und ich höre das häufiger), wir Journalisten sollten unsere »Moral einpacken« und uns auf »kühle Berichterstattung beschränken«, denn das sei unsere Aufgabe. Dem widerspreche ich vehement! Selbstverständlich müssen wir Nachrichten möglichst neutral berichten (gänzliche Objektivität gibt es nicht,

alleine die Auswahl dessen, was wir berichten und was nicht, schränkt Objektivität ein). Aber wir müssen, ich sag's noch einmal, Haltung zeigen! Das sollten alle Menschen tun.

Wer schweigt, nach dem Motto: Ich kann eh nichts ändern, auf mich hört ja sowieso niemand, der lässt zu, dass nur noch Extremisten wahrnehmbar sind. Und irgendwann fangen Menschen an zu glauben, extremistische Sichtweisen wären normal. Das sind sie aber nicht. Leider spüren wir schon jetzt, dass rassistische, fremdenfeindliche, neonazistische Aussagen immer hoffähiger werden und die Konsequenzen eher zu vernachlässigen sind. Das muss sich ändern, und dafür müssen wir kämpfen!

Ich zum Beispiel habe ja viel mit Extremisten aller Art zu tun, die mir schreiben. Ich habe mir vorgenommen, so vielen wie möglich zu antworten. Den Diskurs zu suchen, den Austausch, aber auch ihnen Grenzen zu setzen und sie, wenn es sein muss, verbal zu bekämpfen. Mache ich mich über sie lustig? Manchmal. Nehme ich sie ernst? Selten. Bin ich zynisch? Gelegentlich. Ich weiß, dass diese Dialoge oft zu nichts führen. Aber man sollte das nicht unversucht lassen, auch wenn es Zeit und Nerven kostet.

Ich setze immer noch darauf, dass die Mehrheit der Menschen nicht teilt, was Rechtsextremisten und Rechtspopulisten von sich geben. Sollte irgendwann eine Mehrheit in Deutschland solche Leute wählen, bleibt wohl nichts anderes übrig, als das zu akzeptie-

ren. So ist das in einer Demokratie. Man kann dann nur hoffen, dass Deutschland nicht zum dritten Mal in der Geschichte die Welt in Schutt und Asche legt. Arbeiten wir dafür, dass Deutschland ein tolerantes, freundliches, tolles Land bleibt!
Herzliche Grüße,
Hasnain Kazim

Er schreibt mir am 17. September 2017:

Sehr geehrter Herr Kazim,
haben Sie vielen Dank für Ihr Schreiben vom 17. August! Sorry für meine späte Antwort! Ich war einige Tage auf Reisen, dann im Krankenhaus … Ihr Schreiben hat wieder für viel Gesprächsstoff in der Familie gesorgt, dafür vielen Dank! Toll, dass wir die Möglichkeit haben, direkt mit Ihnen zu kommunizieren, und dass Sie das mitmachen!
Ihre Vorgehensweise, den Streit zu suchen und den Rechten auch mal eins (verbal) mitzugeben, unterstützen wir. Wir lesen ja, was Sie auf Facebook schreiben, und finden es klasse, wie Sie das machen! Immer auf den Punkt, immer Kontra, dabei immer fair.
Wir waren nach Ihrem letzten Brief bei unserer innerfamiliären Diskussion wieder bei der Frage, wie Sie zum Militär stehen. Würden Sie denn auch Extremisten mit Waffengewalt bekämpfen? Ich hoffe, ich nerve Sie nicht mit meiner Fragerei. Wenn das der

Fall sein sollte, ignorieren Sie einfach meine Mail an Sie. Ich habe Verständnis, wenn Sie mir nicht mehr antworten. Es ist halt einfach so spannend und toll, sich mit Ihnen austauschen zu können.
Herzliche Grüße von uns allen,
Ihr Hans F.

✉ Ich antworte ihm am 3. Oktober 2017:

Lieber Herr F.,
Ihr Lob freut mich, aber Sie dürfen auch ruhig mal etwas schlecht finden, was ich schreibe. Oder wenigstens nicht mit mir übereinstimmen. Ich wäre nicht beleidigt, versprochen!
Wir haben nun die Bundestagswahl hinter uns, und wie zu befürchten war, sind Rechtspopulisten, auch Rechtsextremisten in unserem Parlament vertreten. Ich finde das eine beunruhigende Entwicklung. Am heutigen Tag der Deutschen Einheit empfinde ich jedenfalls keinerlei Freude. Klar ist der Einzug der AfD eine demokratische Entscheidung, und natürlich ist sie zu akzeptieren. Aber das heißt nicht, dass man sie kritiklos hinnehmen muss und dass die Gewählten nun vor Kritik geschützt sind, im Gegenteil: Nun, als gewählte Repräsentanten, müssen sie sich erst recht für alles, was sie sagen und tun, rechtfertigen. Jetzt geht's also erst richtig los. Das kapieren die meisten dieser Trottel aber nicht. Na ja, sie werden es schon lernen.

Zu Ihrer Frage: Ach, was soll ich dazu sagen. Ich bin Journalist und Autor. Ich schreibe. Mein Instrument ist das Wort. Ich möchte keine Waffe (wenn schon diesen Begriff benutzen, dann ist meine Waffe eben das Wort). Und ich mag auch nicht allzu viel über »Was wäre, wenn …« spekulieren.
Aber wissen Sie was? Vor nicht allzu langer Zeit habe ich mit einem Kollegen, der ebenfalls Wurzeln in einem anderen Land hat, darüber gesprochen, was wir Menschen mit erkennbarem Migrationshintergrund eigentlich tun, wenn in Deutschland irgendwann wieder Nazis den Ton angeben. Wenn niemand mehr hinter uns steht, wenn alle wegschauen oder sogar mitmachen. Wie damals.
Was würden wir tun? Wir waren uns rasch einig, dass wir uns wehren würden. Notfalls auch mit Gewalt. Das war eine sehr theoretische Diskussion, und wir wünschten uns, dass diese Situation niemals eintreten möge. Aber wie wir sehen, ist vieles möglich, was kürzlich noch unmöglich schien.
Zu Ihrer Frage also: Ja, ich kann mir eine Situation vorstellen, in der wir uns wehren müssen. Ich käme allerdings nicht auf die Idee, mir vorsorglich eine Waffe zuzulegen. Diese zum Beispiel in den USA, aber auch in Deutschland von der Waffenlobby beförderte Haltung, mehr Schusswaffen würden mehr Sicherheit bedeuten, halte ich für beknackt. Ich hoffe also, dass der Tag, an dem ich mich gezwungen sehe, mir eine Waffe zu besorgen, nie eintritt.

Wenn Sie mit Ihrer Frage aber darauf zielen, ob ich unter Umständen doch wieder ins Militär eintreten würde: Nein, das würde ich nicht tun. Unter keinen Umständen.
Ich hoffe, Ihre Frage beantwortet zu haben, und sende Ihnen herzliche Grüße,
Hasnain Kazim

Er schreibt mir am 10. Oktober 2017:

Sehr geehrter Herr Kazim,
haben Sie vielen Dank für Ihre ausführliche Antwort! Ich wünsche Ihnen für Ihren weiteren Lebensweg alles Gute und würde mich freuen, wenn wir in Verbindung bleiben! Und wir alle wünschen uns ebenso wie Sie, dass all das, was Sie befürchten, niemals eintreten möge!
Herzliche Grüße,
Ihr Hans F. mit Familie

Ein anonymer Schreiber lässt mich am 21. August 2017 wissen:

Was schreibst du da immer für eine Scheiße über die tollen Ausländer!? Dass die alle so toll sind und Deutschland nützen und herkommen sollen wegen Fachkräftemangel und so!!? Das ist doch alles gelogen! Ausländer kosten Geld!!!! Und wir müssen das mit unseren Steuern bezahlen!! Deshalb finde ich Parteien gut, die sagen: Kein Geld für Ausländer und Flüchtlinge!!!!! Keine Sozialhilfe für Wirtschaftsmigranten, die in unser soziales System wollen!

Meine Antwort am selben Tag:

Hallo, haben Sie vielen Dank für Ihre Zuschrift! Ich freue mich, dass Sie sich so sehr für Menschen einsetzen, die in Not nach Deutschland kommen, für ein besseres Miteinander und eine erfolgreiche Integration! Dafür danke ich Ihnen ganz herzlich!
Mit freundlichen Grüßen,
Hasnain Kazim

✉ Er schreibt mir am 22. August 2017:

Willst du mich verarschen??!! Kannst du nicht lesen oder was???

✉ Ich antworte ihm am selben Tag:

Hallo,

danke für Ihre Antwort!

Doch, ich habe Ihre erste Nachricht sehr genau gelesen.

Sie schreiben, Sie seien dagegen, dass Ausländer und Flüchtlinge, die nach Deutschland kommen, auf Sozialhilfe und staatliche Unterstützung angewiesen sein müssen. Also sind Sie dafür, dass wir in einer gemeinsamen Anstrengung dafür sorgen müssen, dass sie möglichst schnell in Lohn und Brot kommen. Dass sie, wenn sie keine gute Ausbildung haben, eine bekommen. Dass sie einen guten und gut bezahlten Arbeitsplatz finden, damit sie sich und ihre Familie selbst ernähren können. Dass sie sich integrieren und ein Teil unserer Gesellschaft werden können.

Das meinen Sie doch sicherlich.

Denn gutzuheißen, dass sie keine staatliche Unterstützung bekommen, aber auch dagegen zu sein, dass sie eine Arbeit finden und Geld verdienen können, mit anderen Worten: Ihnen nichts zu geben, gleichzeitig aber auch dagegen zu sein, dass sie auf eigenen Beinen stehen können, das können ja nur charakter-

lich degenerierte Typen fordern. Und das sind Sie doch gewiss nicht, oder?
Herzliche Grüße,
Hasnain Kazim

Er antwortet eine Woche später, am 29. August 2017:

Hast recht, wer arbeiten kann und will, soll arbeiten!!! Aber die sollen uns nicht auf der Tasche liegen!!! Unseren Wohlstand haben wir autochthonen Deutschen uns hart erarbeitet!!! Wir sind nicht das Sozialamt der Welt!!!

Ich schreibe ihm am selben Tag:

Ja, stimmt, nachdem die »autochthonen« Deutschen die Welt zweimal in Schutt und Asche gelegt haben, dann mit fremder Hilfe (Marshallplan, klingelt da was im Kopf? Irgendeine Erinnerung an den Geschichtsunterricht, oder haben Sie da nicht aufgepasst?) auf die Beine kamen, nachdem »Gastarbeiter« kamen (ein schlimmes Wort, seit wann lässt man Gäste arbeiten?) und all jene Arbeit gemacht haben, zu der die »autochthonen« Deutschen nicht in der Lage oder nicht willens oder einfach zu wenige waren, nachdem also jahrelang auch »nicht autochthone« Deutsche mitgeholfen haben, zu Wohlstand beizutragen, nach all dem also haben die autochthonen Deutschen ihren Wohlstand hart »erarbeitet«, ja.

Er sei uns allen gegönnt. Aber: In einer sozialen, gerechten Welt, nach der wir streben, stützen die Starken die Schwachen. Ich verstehe, dass Deutschland nicht »das Sozialamt der Welt« sein kann, aber das ist es auch nicht. Genauso wenig wie »die ganze Welt« zu uns kommt, wie Leute Ihres Schlages argumentieren. Darüber, wer kommt, wer bleiben darf und wie wir das Miteinander vernünftig regeln, müssen wir immer wieder reden. Wir sollten das konstruktiv tun, getragen von Mitmenschlichkeit und von Respekt dem anderen gegenüber. Wir, die Starken, sollten auch bereit sein, Opfer zu bringen. Es geht ja nicht darum, dass wir unseren Wohlstand aufgeben, wie Sie offenbar fürchten. Wenn Sie Ihre Nachrichten an mich als solch einen Beitrag zu einem sozialen, gerechten, offenen, menschenfreundlichen Deutschland verstehen, dann bedanke ich mich für Ihre Mühe!

Herzliche Grüße,

Hasnain Kazim

Der anonyme Schreiber hat sich nicht wieder gemeldet.

Lothar L. teilt mir am 15. Oktober 2017 mit:

Du bist ein Lohnschreiber von Angela Merkel!!!!! Gesteuert von Bundesregierung und BND!!!! Niemals würdest du was Kritisches über Deutschland schreiben!!!!!!!!!!!!!!!

Meine Antwort am 1. November 2017:

Sehr geehrter Herr L.,
haben Sie vielen Dank für Ihre Zuschrift vom 15. Oktober 2017! Bitte entschuldigen Sie meine späte Antwort, der BND musste erst einmal Ihre Identität prüfen. Frau Merkel hat mir soeben grünes Licht gegeben, Ihnen zu antworten. Die Antwort lautet: Ihre Anschuldigungen sind nicht hilfreich.
Mit freundlichen Grüßen,
Hasnain Kazim
– BND-Verbindungsmann zu den Medien –

✉ Er antwortet mir am 2. November 2017:

LÜGENPRESSE, HALT DIE FRESSE!!!!!!!!!!! ICH WEISS, DASS DU VON MERKEL UND BND BEZAHLT WIRST!!!!!!!

✉ Ich schreibe ihm am 4. November 2017:

Sehr geehrter Herr L.,

haben Sie vielen Dank für Ihre Zuschrift vom 2. November 2017.

Ich habe soeben meinen Kontoauszug geprüft und festgestellt, dass bislang Zahlungen vom BND ausgeblieben sind. Ich werde dem BND eine Rechnung stellen und Sie als Zeugen benennen, dass der BND mir tatsächlich noch Geld schuldet.

Da Sie mir schreiben, wissend, dass ich von Frau Merkel und dem BND gesteuert werde, gehe ich davon aus, dass Sie damit einverstanden sind, dass ich Ihren Namen, Ihre E-Mail-Adresse und Ihre IP-Adresse an den BND weitergebe.

Mit freundlichen Grüßen,

Hasnain Kazim

– Bundeskanzleramt –

✉ Er antwortet mir am 7. November 2017:

WENN DU MEINE DATEN WEITERGIBST AN DEN BND, GEHE ICH ZUR POLIZEI!!!!!!!!!

✉ Ich schreibe ihm am selben Tag:

Sehr geehrter Herr L.,
haben Sie vielen Dank für Ihre Zuschrift vom 7. November 2017.
Leider kommt Ihr Einspruchsbescheid zu spät. Ihre Daten habe ich bereits dem BND mitgeteilt. Wenn Sie Anzeige erstatten wollen, dürfen Sie das, um die Angelegenheit für Sie selbst leichter zu gestalten, direkt beim BND tun. Die nehmen gerne auch Anzeigen im Rahmen der Amtshilfe für die Polizei entgegen und löschen bei der Gelegenheit vielleicht auch gleich Ihre Daten. Wenn Sie wollen, kann ich das aber auch bei der nächsten Geheimdienstrunde bei Frau Merkel erledigen.
Herzliche Grüße,
Hasnain Kazim
– Geheimdienstexperte –

✉ Er schreibt mir am 9. November 2017:

ICH HABE GELESEN, DASS DU EINEN PREIS VON CNN GEKRIEGT HAST! ALSO BEZAHLEN DIE USA DICH!!!!! DAS IST BEWEIS GENUG!!!!!!!!!! SYSTEMPRESSE!!!!

✉ Meine Antwort am 10. November 2017:

Sehr geehrter Herr L.,
haben Sie vielen Dank für Ihr Schreiben vom 9. November 2017.
Respekt und Anerkennung für Ihre schlauen Schlussfolgerungen. Sie haben völlig recht, die CIA bezahlt mich. Daher ist mir auch noch nicht aufgefallen, dass der BND noch nichts gezahlt hat. Sie haben mich ertappt! Aber bitte, bitte verraten Sie nichts dem BND, wenn Sie mich dort anzeigen, ja? Die wissen nämlich nichts von meiner Doppelagententätigkeit. Und damit Sie nicht weiter ermitteln müssen: Ich arbeite auch für den Mossad, für den KGB und für die Taliban. Immer für den, der am meisten zahlt.
Mit herzlichen Grüßen,
Hasnain Kazim
– Speaker The White House –

✉ Da er mir nicht antwortet, schreibe ich ihm am 14. November 2017:

Hallo Herr L.,
offensichtlich hat es Ihnen die Sprache verschlagen. Aber mal ernsthaft: Haben Sie je einen Artikel von mir gelesen? Lesen Sie überhaupt irgendeine vernünftige Zeitung oder Nachrichtenseite? Schauen oder hören Sie Nachrichten? Oder reden Sie einfach so daher von »Systempresse« und beschuldigen Journalisten, sie würden von Merkel oder wem auch

immer bezahlt? Wir Journalisten setzen uns kritisch mit allen möglichen Themen auseinander. Wir streiten uns, diskutieren, sind unterschiedlicher Meinung. Aber eines sind wir ganz gewiss nicht: »Systempresse«, bezahlt von einer Regierung oder einem Geheimdienst. Also hören Sie bitte auf, diesen Blödsinn weiterzuverbreiten, sondern bilden Sie sich und werden Sie mal klar im Kopf, bevor Sie sich wieder an Ihren Rechner setzen und dummes Zeug in die Welt blasen.
Viele Grüße,
Hasnain Kazim

Lothar L. antwortet nicht mehr.

Jemand, der sich MichaelDerFreiheitskaempfer nennt, schreibt mir am 18. November 2017:

Warum akzeptieren Sie keine Kritik an Ausländern in Deutschland oder wenigstens an der Flüchtlingspolitik der Bundesregierung?

Meine Antwort am 20. November 2017:

Hallo Michael,
so heißen Sie doch, oder? Warum schreiben Sie anonym, anstatt mit Ihrem Namen für Ihre Worte einzustehen? So große Angst?
Zu Ihrer Frage: Natürlich darf man Kritik äußern, aber so, wie sie größtenteils gerade zu den von Ihnen genannten Themenfeldern geäußert wird, ist sie inakzeptabel. Man kann die Zuwanderungspraxis doof finden oder dass auf einen Schlag so viele Flüchtlinge kommen oder dass sehr viele Menschen unkontrolliert ins Land kamen oder dass viele sich anders benehmen oder eine andere Sprache sprechen oder … Das sind alles Dinge, die man kritisieren

kann. Und es sind alles Dinge, für die sich, leichter oder schwieriger, Lösungen finden lassen. Aber es kann doch nicht sein, dass Menschen sich über den Tod von Flüchtlingen freuen!

Jemand schrieb auf Facebook: »Das Beste an der Fluchtroute übers Mittelmeer ist, dass so viele von denen absaufen!« Und Tausende klickten auf »Gefällt mir«. Das ist inakzeptabel, und diese Leute gehören allesamt geächtet dafür.

Viele Grüße,

HK

✉ Er schreibt mir am 21. November 2017:

Hallo, ich heiße Michael M. und lebe in XXX. Zufrieden? Es gibt sehr viel berechtigte Kritik, und die akzeptieren Sie auch nicht! Wo bleibt die Meinungsfreiheit? Ich lese Ihre Kommentare und Artikel!

✉ Ich antworte ihm am selben Tag:

Hallo Herr M.,

berechtigte Kritik gibt es an allem und jedem. Das Problem ist nur, dass sehr viele Leute Kritik inhaltlich wie auch in der Form üben, die inakzeptabel ist. Und glauben, Meinungsfreiheit umfasse das Recht, alles sagen zu dürfen und auch noch ein Anrecht auf Gehör zu haben. Das ist mitnichten so, leider wird das zu selten gesagt.

Meinungsfreiheit bedeutet das Recht, dass ein Staat jemanden nicht für seine geäußerte Meinung belangen darf. (Und auch hier gibt es durchaus berechtigte Einschränkungen.) Sie bedeutet nicht, dass Leute jeden Bullshit ohne Konsequenzen sagen dürfen. Und sie bedeutet auch nicht, dass ich oder wer auch immer sich diesen Unsinn anhören müssen. Meinungsfreiheit schützt niemanden vor Kritik, sie bedeutet nicht Widerspruchsfreiheit, die Leute wie Sie sich wünschen. Können Sie aber vergessen.

Was das Äußern von Kritik angeht, gibt es nach meiner Erfahrung drei Probleme:

1. Die Leute sind ungebildet. Sie haben keine Ahnung von einem Thema, haben irgendwo eine Schlagzeile oder irgendeinen uninformierten Schrott (»Das stand auf Facebook!«) aufgeschnappt, haben eine Problematik nicht umfassend verstanden und sich keine Gedanken gemacht, maßen sich aber an, nicht nur eine Meinung zu haben, sondern sie auch noch hinauszublöken. Das ist in Ordnung, aber dann müssen sie damit klarkommen, dass man ihnen entgegenruft: Du bist ein Trottel, hast keine Ahnung, und deine Kritik ist dämlich!

2. Die Leute sind unfähig zu kommunizieren. Hat vielleicht mit dem ersten Punkt, der fehlenden Bildung, zu tun. Sie meinen: Eine zu große Zuwanderung kostet die Allgemeinheit viel Geld, aber sie schreiben: »Die Scheißausländer fressen uns alles weg, und wir stopfen ihnen auch noch unser Geld

in die Taschen, während unsereins nichts hat!!!!!!« Oder sie wollen sagen: Wir müssen dafür sorgen, dass wir unsere Grenzen besser kontrollieren, aber sie schreiben: »Alle abknallen an der Grenze!!!!!!« Beides wurde mir exakt so geschrieben. Das zeugt von einer bestürzenden Unfähigkeit, sich vernünftig auszudrücken. Früher dachte ich, es würde genügen, den Menschen zu raten: »Bevor ihr was im Netz äußert, fragt euch: Würde ich das auch jemandem direkt ins Gesicht sagen?« Aber leider reden Menschen inzwischen ja auch jenseits des Netzes immer häufiger hasserfüllt und menschenverachtend. Die Leute haben ihre Emotionen nicht mehr im Griff.

Und 3. Ich glaube, vieles ist eben nicht nur ein Bildungs- und/oder Kommunikationsproblem, sondern viele Leute haben, lassen Sie uns da ehrlich sein, auch ein Charakterproblem. Wer anderen den Tod wünscht, sich am Leid anderer erfreut oder wem das Leid anderer egal ist, Hauptsache, einem selbst geht es gut, hat einen schlechten Charakter.

Kritik, die informiert und vernünftig formuliert daherkommt oder wenigstens so, dass man das Gefühl hat, der Kritiker weiß, wovon der da redet/schreibt, akzeptiere ich.

Viele Grüße,

Hasnain Kazim

✉ Er schreibt mir am 22. November 2017:

Sie lassen nur linksgrün-versiffte Meinungen und Kritik zu! Alles, was konservativ oder rechts ist (was ist gegen rechts zu sagen??), lehnen Sie ab!

✉ Ich antworte am 23. November 2017:

Quatsch. Wenn für Sie durchdacht, informiert und frei von Niedertracht, Häme und Menschenverachtung »linksgrün-versifft« heißt, kann ich Ihnen nicht helfen. Dann bin ich gerne »linksgrün-versifft«.

Ein Wunder, dass Sie nicht auch noch das Wort »Gutmensch« verwenden. Natürlich finde ich es erstrebenswert, ein »Gutmensch« zu sein. Was denn sonst? Ein »Schlechtmensch«?

Womit ich bei »konservativ« und »rechts« wäre – ich habe überhaupt nichts gegen Konservative. Konservativ zu sein, bedeutet, das Bewährte zu schützen. In manchen Bereichen würde ich mich selbst als konservativ bezeichnen. Mit »links« und »rechts« kann ich weniger anfangen, das sind veraltete Begriffe, die, wie ich finde, nicht mehr in das heutige politische Spektrum passen.

Was ich aber feststelle, ist: Immer mehr Menschen, die sich für »Konservative« halten, geben sich als Arschloch und sind auch noch stolz darauf. Nach dem Motto: Schaut her, wie wenig ich mich um die Meinung anderer und um *political correctness* schere! Das sind aber keine Konservativen, sondern tatsäch-

lich nur zynische, dümmliche Trottel. Und ja, die lehne ich ab.
Viele Grüße,
Hasnain Kazim

✉ Er schreibt mir am selben Tag:

Gibt es Ihrer Meinung nach auch Arschlöcher bei den politischen Linken wie SPD und Grüne? Und bei den Journalisten, die fast alle links sind? Wen? Nennen Sie Namen!

✉ Meine Antwort am selben Tag:

Die, lieber Herr M., gibt es überall, in allen gesellschaftlichen Schichten, Berufsgruppen, Parteien, Ländern. Überall auf der Welt. Namen? Nenne ich keine. Tue ich bei den Konservativen und Rechten ja auch nicht.
Viele Grüße,
Hasnain Kazim

✉ Er schreibt am selben Tag:

Eine Frage: Räumen Sie ein, dass es bei den politisch Linken wie SPD und Grüne Leute gibt, die glauben, die Wahrheit mit Löffeln gefressen zu haben?

Ich antworte am selben Tag:

Herr M., dünkelhafte Haltung gibt es überall. Leute, die ihre eigene Weltsicht für die allein glücklich machende halten. Die glauben, nur ihre Sicht der Dinge sei wahrhaftig. Solange man die Sicht der anderen ausblendet, kann man nichts verstehen und nichts erreichen. Es ist menschlich und für mich nachvollziehbar, dass Menschen ihre Sicht, ihre Überzeugung, ihren Glauben für den richtigen halten. Wenn ein Mensch eine andere Sicht, eine andere Überzeugung, einen anderen Glauben richtiger findet, sich also überzeugen lässt, ändert er seine Sicht, seine Überzeugung, seinen Glauben. Problematisch wird es, wenn man Menschen mit anderer Sicht, anderer Überzeugung, anderem Glauben mit Verachtung, Herablassung, Häme, Niedertracht und ohne Anstand begegnet. Und da, muss ich Ihnen nach meiner Erfahrung sagen, da Sie ständig zwischen »links« und »rechts« unterscheiden, ist die Zahl derer, die inakzeptabel argumentieren, bei den »Rechten« größer als bei den »Linken«.

Er schreibt am 24. November 2017, und da bin ich angesichts des bisherigen Verlaufs unserer Kommunikation dann doch überrascht:

Danke!!!!!!!!!!

✉ Ein anonymer Leser schreibt mir am 30. November 2017:

Multikulti ist tot!!!!!!!!!!!!!

✉ Ich antworte ihm am selben Tag:

Nein, ich lebe noch!

✉ Er schreibt zurück:

Sie sind ein muslimischer Pakistaner!!!! Kein Multikulti!!!!!!!!!

✉ Ich antworte:

Ich brate gerade ein paar Schweinswürstel. Macht ein muslimischer Pakistaner so etwas?

✉ Er schreibt:

Dann sind Sie eben Deutscher und kein Pakistaner! Aber kein Multikulti!!! Multikulti ist tot!!!!!!!!

✉ Ich antworte:

Ich höre beim Würstchenbraten Qawwali-Musik. Macht ein Deutscher so etwas?

✉ Er schreibt daraufhin:

Sie müssen wohl immer das letzte Wort haben, was?

✉ Ich schreibe ihm:

Ja. Es sei denn, Sie sehen ein, dass Multikulti lebt!

✉ Er antwortet:

Na gut: Multikulti lebt!!!!!!!!!!!!!

✉ Ein verrückter Dauerleserbriefschreiber, der mich für einen »gefährlichen Islamisten!!!!!« und »Muselmann« hält, schreibt mir am 21. Dezember 2017, offensichtlich als Kampfansage:

FRÖHLICHE WEIHNACHTEN!!!!!

✉ Ich antworte ihm am selben Tag:

Oh, welch freudige Überraschung, wieder von Ihnen zu lesen! Auch Ihnen ein gesegnetes Weihnachtsfest, besinnliche Feiertage und einen guten Start in das neue Jahr! Möge es auch Ihrem Kopf Frieden bringen!

✉ Er antwortet mir:

HAAAAA! HAB' ICH DICH ALSO BEKEHRT!!!!

In Österreich gerät im Januar 2018 die Burschenschaft Germania zu Wiener Neustadt wegen eines Liederbuchs mit Nazi-Texten in die Kritik. Ebenso ein Politiker der rechtspopulistischen FPÖ, der stellvertretender Vorsitzender dieser Burschenschaft ist. Er kritisiert das Liederbuch und stellt seine Mitgliedschaft »ruhend«, wie er verkündet. Ende Januar 2018 verkündet die österreichische Regierung, sie wolle diese Burschenschaft »auflösen«.

Am 31. Januar 2018 schreibe ich um 12.53 Uhr auf Facebook:

> Ich gründe heute die Burschenschaft Pakistania zu Wien. (Natürlich ist es eine schlagende Burschenschaft. Unsere Waffe ist der Punschkrapfen. Wir bewerfen uns damit aus fünf Metern Entfernung. Ohne Gesichtsschutz! Ziel ist es, dem Gegner das Ding so heftig an die Schläfe zu ballern, dass er eine Narbe davonträgt und sein Leben lang beknackt aussieht. Mensur heißt bei uns Bekrapfung.)

✉ Daraufhin schreibt mir am 1. Februar 2018 um 13 Uhr ein Burschenschafter, ich weiß nicht, ob aus Österreich oder Deutschland:

> Mit Ihrem Posting über Ihre angebliche neue Burschenschaft und der Behauptung, dass ein Burschenschafter »sein Leben lang beknackt aussieht«, verunglimpfen Sie alle Burschenschafter! Ich erwarte eine Entschuldigung!

✉ Ich antworte ihm am 2. Februar 2018 um 11.12 Uhr:

> Nein, ich verunglimpfe – schönes Verb, übrigens – nicht »alle« Burschenschafter, sondern nur diejenigen, die einen »Schmiss« haben, also eine Narbe im Gesicht. Die sehen, sorry for meine ehrliche Meinung, beknackt aus. Daher: Tut mir nicht leid. Selbst schuld. Wollen Sie Mitglied in der Pakistania zu Wien werden? Eine zweite Narbe auf der anderen Seite durch einen ordentlich in die Fresse gepfefferten Punschkrapfen würde womöglich eine Art Symmetrie herstellen und damit das Beknacktaussehen ein wenig mildern.

Er antwortet mir nicht mehr.

Heidi L. schreibt mir am 13. Januar 2018:

Lieber Herr Kazim,
seit Jahren verfolge ich Ihre Arbeit, auf Spiegel Online, aber auch in den sozialen Medien und Ihre Fernsehauftritte. Ich möchte heute die Gelegenheit nutzen, Ihnen zu sagen, dass ich Sie bewundere und sehr schätze! Ihre Arbeit ist wichtig für Deutschland, es ist gut, dass es Menschen wie Sie gibt, die klar und deutlich sagen, was ist. Die sich nicht einschüchtern lassen von Extremisten aller Seiten, die Position beziehen gegen Rechtsextremisten und Islamisten gleichermaßen. Ihnen schlägt immer wieder Hass entgegen, und ich frage mich, wie Sie das aushalten. Haben Sie nicht längst den Glauben an das Gute im Menschen verloren? Ich wünsche Ihnen jedenfalls für Ihre Zukunft weiterhin viel Erfolg und die nötige Kraft!
Mit herzlichen Grüßen,
Ihre Heidi L.

✉ Ich antworte ihr am 14. Januar 2018:

Liebe Frau L.,
haben Sie vielen Dank für Ihre Zuschrift! Es freut mich sehr, immer wieder auch solchen Zuspruch zu erhalten! Das ist mir Ansporn, weiterzumachen. Denn natürlich gibt es immer wieder Momente, in denen ich mich frage: Warum tue ich mir diesen Unsinn eigentlich an? Warum lasse ich das nicht einfach sausen und genieße das Leben? Aber dann sehe ich, was für Leute in verantwortungsvollen Positionen wieder für dummes Zeug reden und schreiben, und dann kann und will ich nicht schweigen.
Sie fragen, ob ich an das Gute im Menschen glaube beziehungsweise ob ich diesen Glauben nicht längst verloren hätte. Nun, ehrlich gesagt, hatte ich diesen Glauben an das Gute im Menschen nie. Sicher, man hat als Kind ein Urvertrauen in seine Eltern, das war bei mir natürlich nicht anders, und dieses Urvertrauen ist auch nicht enttäuscht worden. Später lernt man in Auseinandersetzungen in seinem Umfeld, dass es gute und schlechte Menschen gibt. Noch später, in der Schule, durch Filme und Bücher, lernt man die Menschheitsgeschichte kennen, erfährt von großen menschlichen Leistungen, aber auch von Bösartigkeiten. Die Nationalsozialisten mit ihrer industriellen Tötungsmaschinerie ragen da sicherlich heraus. Man liest von Hexenverbrennungen und Kreuzrittern und vom Dreißigjährigen Krieg, man hört von Stalinisten, Roten Khmer, Maoisten. Und

ich habe selbst erlebt, wozu Taliban, al-Qaida, »Islamischer Staat« und andere Terrororganisationen imstande sind.
Nein, an das Gute im Menschen glaube ich ganz sicher nicht. Ich bin überzeugt, dass Menschen gut oder schlecht sein können. Ich hoffe immer auf das Gute, aber man muss wachsam sein, immer wieder kritisch überprüfen, was Menschen tun, was sie treibt, welche Ziele sie haben. Es ist ähnlich wie mit den Religionen: Eine Religion ist nicht gut oder schlecht, sondern sie ist das, was Menschen aus ihr machen.
Was ich aber weiß: Alles Schlechte ist von Menschen gemacht, also veränderbar. Solange ich dieser Überzeugung bin und denke, dass ich einen klitzekleinen Beitrag leisten kann, werde ich das tun. Für Ihre Unterstützung danke ich Ihnen ganz herzlich!
Liebe Grüße aus Wien,
Hasnain Kazim

✉ Sie schreibt mir am 15. Januar 2018:

Lieber Herr Kazim,
es freut mich sehr, dass Sie mir antworten! Seien Sie sich gewiss, dass Sie nicht nur meine Unterstützung, sondern die sehr vieler Menschen in Deutschland haben. In meinem Freundeskreis ist Ihre Arbeit immer wieder mal Thema, wir sind alle Fans von Ihnen! Das sollte Ihnen Zuversicht geben, dass die meisten Menschen in Deutschland schon noch gut sind. Sie und

Ihre Kolleginnen und Kollegen machen eine wichtige Arbeit. Lassen Sie sich nicht davon abbringen!
Mit herzlichen Grüßen,
Ihre Heidi L.

✉ Ich antworte ihr am selben Tag:

Liebe Frau L.,
nochmals herzlichen Dank für Ihre E-Mail! Ich weiß Ihre Worte zu schätzen! Und keine Sorge, wir machen weiter. Ich bin mir auch bewusst, dass die meisten Menschen gut sind, dass sie zwischen Recht und Unrecht zu unterscheiden wissen. Ich sehe auch, wie viele Menschen sich uneigennützig einsetzen für andere. Hoffen wir, dass sich Rassismus und nationalistisches Denken nicht schleichend, Schritt für Schritt, durchsetzen. Erheben wir dagegen alle unsere Stimme!
Herzliche Grüße,
Hasnain Kazim

✉ Sie schreibt mir am 16. Januar 2018:

Lieber Herr Kazim,
mit Ihrer Arbeit haben Sie mich und viele meiner Freunde immer wieder zum Nachdenken angeregt. Seien Sie sich sicher: Wir werden nicht schweigen!
Mit herzlichen Grüßen,
Ihre Heidi L.

Zeit für Gegenworte oder: Warum Aussitzen keine Lösung ist

Und? War's schlimm? Haben die Dialoge Sie schockiert? Vielleicht beschämt? Oder eher amüsiert? Sind Sie jetzt belustigt? Oder verärgert? Womöglich richtig wütend? Denken Sie, dass das zwar alles hässlich und schlecht sei, man aber eh nichts tun könne? Und dass ich doch ein wenig übertreiben würde, so ein Brimborium daraus zu machen? Oder meinen Sie eher, dass man unbedingt etwas gegen diesen Hass tun müsse?

Wenn man auf nahezu jeden Artikel, den man veröffentlicht, Reaktionen dieser Art bekommt, beginnt man schon vorauszuahnen, was bei diesem oder jenem Text kommen mag. Solche Gedanken mache ich mir auch jetzt, nach dem Schreiben dieses Buches. Der eine oder andere wird mir vorwerfen, ich sei ein Narzisst, einer, der diese Dialoge führe, um sich anschließend dafür feiern zu lassen. Diese Kritik habe ich schon gelegentlich gehört, weil ich einige wenige Dialoge auf Facebook und Twitter veröffentlicht habe.

Aber ganz ehrlich: Darum geht es mir nicht.

Ich freue mich natürlich über Zuspruch, und wenn

manch ein Text tausendfach geteilt wird, zeigt mir das, dass ich nicht alleine bleiben muss mit diesem Hass. Es sind keine »billigen Likes«, wie mir mal einer schrieb, sondern ich empfinde es als eine Form der Solidarität, die mir Kraft gibt. Es gibt, denke ich dann, Gott sei Dank noch eine Menge Menschen, die nicht so ticken wie die Pöbler. Das ist wichtig, denn in dem Moment, in dem man die Hassbriefe erhält und liest, ist man ziemlich allein.

In erster Linie verschafft mir das Antworten das Gefühl, aus dieser Einsamkeit herauszutreten, zu handeln, die Sache in der Hand zu haben, den Hass, die Beleidigungen, Pöbeleien und Drohungen nicht unwidersprochen hinzunehmen. Es hilft, sich nicht in Selbstmitleid zu ergehen, nicht ohnmächtig zu sein, nicht in einer Opferrolle zu verharren. Es ist meine Art, Widerstand zu leisten: mit Worten.

Wie könnte ich antworten, um dem Narzissmusvorwurf aus dem Weg zu gehen? Weniger scharf, weniger lustig, irgendwie anders? Oder gar nicht? Das käme für mich nicht in Frage! Da nehme ich diesen Vorwurf lieber in Kauf.

»Aber Sie müssen die Dialoge ja nicht veröffentlichen!«, mögen Sie jetzt einwenden. Doch! Wenn ich mit solch einem Zeug umgehen muss, können Sie das auch. Ich finde außerdem, dass die Texte, so unmöglich sie sein mögen, erhellend sind im publizistischen Sinne. Ich glaube nämlich, dass die meisten Menschen gar nicht wissen, was ihre Mitbürger so von sich geben.

Deshalb veröffentliche ich das. Ich zwinge ja niemanden, es zu lesen.

Ich habe mir die Beschäftigung mit Hassbriefen nicht ausgesucht, ich habe mich auch nicht nach diesem Thema gesehnt. Es macht mir keinen Spaß, das heißt: Doch, ich gebe zu, dass mir die verbale Auseinandersetzung manchmal auch Genugtuung verschafft und diebische Freude bereitet. Ich habe jedenfalls gelernt, mir einen Spaß daraus zu machen. »Genau!«, werden Sie jetzt vielleicht sagen, »Sie führen die Leute vor!« Tja, in dem einen oder anderen Fall mag das sein. Aber ich bin höflich dabei, jedenfalls meistens. Man kann den Leuten auch durch die Blume sagen, dass man sie für Trottel hält. UND DASS SIE IDIOTEN SIND, WIRD MAN JA WOHL NOCH SAGEN DÜRFEN, ODER HAT MERKEL DAS VERBOTEN?????!!!!!!! (Sie sehen, auch ich habe aus diesen Dialogen etwas gelernt.)

Es wird auch Kritiker geben, dir mir vorhalten, ich wolle mit der Veröffentlichung der Hassbriefe nur Geld machen. Nun, man sollte die Verdienstmöglichkeiten durchs Bücherschreiben nicht überschätzen. Aber für jeden Euro, den dieses Buch einbringt, solltet Ihr mich, liebe Leute, nicht beschimpfen, sondern feiern. Denn damit würde mir etwas gelingen, woran die Menschheit seit Jahrhunderten gescheitert ist: aus Scheiße Gold zu machen!

»Warum erhalten ausgerechnet Sie so viele Zuschriften?«, werde ich hin und wieder gefragt. Oder: »Bist du ein Magnet für diese Idioten?« Die Antwort ist naheliegend: Hassbriefe erhalten heute viele Menschen, die in der Öffentlichkeit stehen. Und wenn sie dann auch noch in irgendeiner Form nicht in das Weltbild der Leute passen, schreiben die ihnen in Massen. Wenn man, wie ich, braune Haut und schwarze Haare hat und einen fremd klingenden Namen trägt, genügt das im Grunde schon. Wenn man es aber dann auch noch wagt, Dinge zu schreiben, von denen diese Leute sich kritisiert oder provoziert fühlen – und sie fühlen sich von Menschen wie mir sehr, sehr schnell provoziert, ich muss da nicht viel tun –, ist einem eine Flut von Zuschriften gewiss.

Ich könnte mich nun dazu entscheiden, nur noch über harmlose Themen zu schreiben. Aber selbst dann ist man vor Hassbriefen nicht gefeit. Ich könnte mir einen anderen Beruf suchen. Ich könnte mich weitgehend aus der Öffentlichkeit verabschieden. Aber genau das wollen diese Leute ja: Kritiker mundtot machen. Ich bin nun mal eben ein Schreiber, und ein Schreiber will, dass seine Texte gelesen werden. Mich zurückzuziehen kommt überhaupt nicht in Frage.

Werde ich weiterhin antworten und Dialoge in dieser Form führen, wie ich es in diesem Experiment seit Anfang 2016 getan habe? Ich weiß es nicht. Es hat mich viel Zeit, Kraft und Nerven gekostet. Manchmal fühlt es sich an wie ein Kampf gegen Windmühlen. Vielleicht werde ich Neues ausprobieren. Meine Streitlust ist jedenfalls ungebremst. Ob und wie ich streite, lasse ich mir nicht von den Hassbriefeschreibern diktieren.

Ich weiß aber auch: Je mehr ich antworte, desto mehr werden die Leute mir schreiben. Manche fühlen sich durch meine Reaktionen aufgewertet, obwohl ich ihren Hass kritisiere. Andere glauben, weil ich ihnen antworte, in mir den idealen Adressaten für ihre Sorgen und Nöte gefunden zu haben. Ich möchte aber für diese Menschen nicht der Kummerkastenonkel sein.

Es gibt, das ist eine Erkenntnis aus den Dialogen, kein Patentrezept, keine Regel, wie man mit solchen Leuten umzugehen hat. Man muss immer neu nachdenken, sich neu überlegen, ob und wie man antwortet. Manchmal trifft man die richtige Entscheidung, gelegentlich bringt der Austausch etwas, oft ist die Mühe vergeblich. Jemandem, der offensichtlich nur auf Krawall gebürstet ist, muss man nicht antworten, es sei denn, man will dem auch mal eins zurückgeben. Bei anderen merkt man, dass man sie erreichen kann, dass sie vielleicht ihre Haltung überdenken. In einigen Fällen ist es gelungen, dass die Briefeschreiber um Entschuldigung bitten, dass ihnen ihre Tiraden peinlich sind, dass sie zu Anstand und Benehmen zurückfinden. Das mögen zwei sehr unmoderne Tugenden sein, ich befürchte aber, wir haben sie heute dringender nötig denn je.

Auf Augenhöhe reden, wie einige fordern? Von mir aus. Aber eines muss immer klar sein: dass Leute mit Ressentiments, die sich rassistisch und menschenverachtend äußern, sich selbst ins gesellschaftliche Abseits manövrieren. Es ist nicht meine Aufgabe, sie von dort zu befreien und wieder in die Mitte der Gesellschaft zu holen. Das müssen sie schon selbst tun.

Eine weitere Erkenntnis ist: Ich kann die meisten Menschen nicht verändern. Ich kann nur versuchen, ihnen mit offenem Herzen zu begegnen. Bei den meisten gelingt es, bei anderen muss man wachsam sein, auch misstrauisch, und mit ihnen nötigenfalls streiten. Und ich kann versuchen, so viele Menschen wie möglich davon zu überzeugen, ebenso zu handeln wie ich, sich auch zu streiten, zu engagieren, einzumischen. Wenn mir das gelingt, habe ich alles erreicht, was ich mir wünsche.

»Wehret den Anfängen« ist ein Spruch, der in diesem Zusammenhang fällt. Nun, die Anfänge haben wir längst hinter uns gelassen. Aber es ist nie zu spät, sich zu wehren. Inzwischen sitzt mit der AfD eine zum Teil völkisch denkende Partei im Bundestag. Jetzt ist die Zeit für Gegenworte, Aussitzen alleine genügt nicht. Treten wir Ressentiments jeder Art entgegen. Machen wir alle unseren Mund auf, wenn jemand diskriminiert, beleidigt, bedroht wird. Sagen wir etwas. Zeigen wir, dass der Satz, die Würde des Menschen ist unantastbar, mehrheitsfähig ist.

Damit wir uns später nicht vorwerfen lassen müssen, geschwiegen zu haben.

Dank

Mein Dank gilt Karen Guddas, die das Manuskript als Erste gelesen und behutsam lektoriert hat, außerdem dem Team von Penguin, das viel Herzblut in dieses Buch gesteckt hat. Ebenso dem SPIEGEL-Verlag und hier insbesondere Angelika Mette für ihre Unterstützung sowie der tollen Mannschaft von SPIEGEL ONLINE. Danken möchte ich all jenen Menschen, die mich überzeugt haben, aus den Briefwechseln ein Buch zu machen – den vielen Leserinnen und Lesern, die den einen oder anderen Dialog auf Facebook gelesen haben, vor allem aber den Kollegen Thorsten Dörting, Jochen Leffers und Christian Stöcker. Ich möchte all jenen Menschen danken, mit denen ich viele, zum Teil lange, manchmal kontroverse Gespräche geführt habe zum Thema Rassismus, Fremdenfeindlichkeit, Intoleranz und wie man damit umzugehen hat. Stellvertretend dafür möchte ich meinen Schulfreund Sebastian Kadritzke, meinen Studienfreund Carsten Klein, meinen Kollegen und Freund Can Merey und die wunderbare Sylke Tempel nennen, die uns leider viel zu früh verlassen hat und deren letzte Nachricht an mich war:

»Keep on upsetting the morons!« Danke auch allen Kolleginnen und Kollegen mit und ohne »Migrationshintergrund«, die ähnliche Zuschriften bekommen, für den oft intensiven Austausch. Und an Hate Poetry für Hate Poetry. Danke allen Lehrerinnen und Lehrern, die uns vor Jahrzehnten – ich weiß, das kommt reichlich spät – beigebracht haben, nicht zu schweigen. Danke all jenen, die mir freundliche, aufmunternde Worte geschrieben haben, aber auch all jenen, die mir ihren Hass zuteilwerden ließen – ohne euch Trottel wäre dieses Buch nicht zustande gekommen. Danke meiner Familie, danke meiner Frau Janna und meinem Sohn für ihre bedingungslose Unterstützung und für ihre grenzenlose Liebe!

Von Teetrinkern und Thekenphilosophen – den Briten auf der Spur

Was ist eigentlich mit den Briten los? Um diese Frage zu beantworten, ist Christoph Scheuermann kreuz und quer über die Insel gereist, von Südengland bis in die schottischen Highlands: Er diniert mit den Fulfords, einer chaotischen Familie aus dem verarmten Landadel, er feiert in Yorkshire mit hysterischen jungen Frauen einen Junggesellinnenabschied, er sucht nach Ufos, vergrabenen Schätzen und dem Geheimnis royalen Smalltalks. Sein Buch ist eine Sympathiebekundung an ein schräges, bisweilen melancholisches Volk, das man trotz – oder wegen – seiner Skurrilität einfach lieben muss.